京华通览

西山永定河文化带

主编 / 段柄仁

上方山

刘文江 / 编著

北京出版集团公司
北京出版社

图书在版编目（CIP）数据

上方山／刘文江编著．— 北京：北京出版社，2018.10
（京华通览／段柄仁主编）
ISBN 978-7-200-13868-9

Ⅰ．①上… Ⅱ．①刘… Ⅲ．①山—介绍—北京 Ⅳ．①K928.3

中国版本图书馆CIP数据核字（2018）第017242号

出 版 人	曲　仲	
策　　划	安　东	于　虹
项目统筹	董拯民	孙　菁
责任编辑	于　虹	
封面设计	田　晗	
版式设计	云伊若水	
责任印制	燕雨萌	

"京华通览"丛书在出版过程中，使用了部分出版物及网站的图片资料，在此谨向有关资料的提供者致以衷心的感谢。因部分图片的作者难以联系，敬请本丛书所用图片的版权所有者与北京出版集团公司联系。

京华通览
上方山
SHANGFANG SHAN
刘文江　编著

＊

北京出版集团公司
北京出版社　　出版
（北京北三环中路6号）
邮政编码：100120

网　址：www.bph.com.cn
北京出版集团公司总发行
新 华 书 店 经 销
天津画中画印刷有限公司印刷

＊

880毫米×1230毫米　32开本　5.875印张　129千字
2018年10月第1版　2022年11月第3次印刷
ISBN 978-7-200-13868-9
定价：45.00元

如有印装质量问题，由本社负责调换
质量监督电话：010-58572393

《京华通览》编纂委员会

主　任　段柄仁
副主任　陈　玲　曲　仲
成　员　(按姓氏笔画排序)
　　　　于　虹　王来水　安　东　运子微
　　　　杨良志　张恒彬　周　浩　侯宏兴
主　编　段柄仁
副主编　谭烈飞

《京华通览》编辑部

主　任　安　东
副主任　于　虹　董拯民
成　员　(按姓氏笔画排序)
　　　　王　岩　白　珍　孙　菁　李更鑫
　　　　潘惠楼

序

PREFACE

擦亮北京"金名片"

段柄仁

北京是中华民族的一张"金名片"。"金"在何处？可以用四句话描述：历史悠久、山河壮美、文化璀璨、地位独特。

展开一点说，这个区域在 70 万年前就有远古人类生存聚集，是一处人类发祥之地。据考古发掘，在房山区周口店一带，出土远古居民的头盖骨，被定名为"北京人"。这个区域也是人类都市文明发育较早，影响广泛深远之地。据历史记载，早在 3000 年前，就形成了燕、蓟两个方国之都，之后又多次作为诸侯国都、割据势力之都；元代作为全国政治中心，修筑了雄伟壮丽、举世瞩目的元大都；明代以此为基础进行了改造重建，形成了今天北京城的大格局；清代仍以此为首都。北京作为大都会，其文明引领全国，影响世界，被国外专家称为"世界奇观""在地球表面上，人类最伟大的个体工程"。

北京人文的久远历史，生生不息的发展，与其山河壮美、宜生宜长的自然环境紧密相连。她坐落在华北大平原北缘，"左环沧海，右拥太行，南襟河济，北枕居庸""龙蟠虎踞，形势雄伟，南控江淮，北连朔漠"，是我国三大地理单元——华北大平原、东北大平原、内蒙古高原的交会之处，是南北通衢的纽带，东西连接的龙头，东北亚环渤海地区的中心。这块得天独厚的地域，不仅极具区位优势，而且环境宜人，气候温和，四季分明。在高山峻岭之下，有广阔的丘陵、缓坡和平川沃土，永定河、潮白河、拒马河、温榆河和蓟运河五大水系纵横交错，如血脉遍布大地，使其顺理成章地成为人类祖居、中华帝都、中华人民共和国首都。

这块风水宝地和久远的人文历史，催生并积聚了令人垂羡的灿烂文化。文物古迹星罗棋布，不少是人类文明的顶尖之作，已有1000余项被确定为文物保护单位。周口店遗址、明清皇宫、八达岭长城、天坛、颐和园、明清帝王陵和大运河被列入世界文化遗产名录，60余项被列为全国重点文物保护单位，220余项被列为市级文物保护单位，40片历史文化街区，加上环绕城市核心区的大运河文化带、长城文化带、西山永定河文化带和诸多的历史建筑、名镇名村、非物质文化遗产，以及数万种留存至今的历史典籍、志鉴档册、文物文化资料，《红楼梦》、"京剧"等文学艺术明珠，早已成为传承历史文明、启迪人们智慧、滋养人们心灵的瑰宝。

中华人民共和国成立后，北京发生了深刻的变化。作为国家首都的独特地位，使这座古老的城市，成为全国现代化建设的领头雁。新的《北京城市总体规划（2016年—2035年）》的制定和中共中央、国务院的批复，确定了北京是全国政治中心、文化中心、国际交往中心、科技创新中心的性质和建设国际一流的和谐宜居之都的目标，大大增加了这块"金名片"的含金量。

伴随国际局势的深刻变化，世界经济重心已逐步向亚太地区转移，而亚太地区发展最快的是东北亚的环渤海地区、这块地区的京津冀地区，而北京正是这个地区的核心，建设以北京为核心的世界级城市群，已被列入实现"两个一百年"奋斗目标、中国梦的国家战略。这就又把北京推向了中国特色社会主义新时代谱写现代化新征程壮丽篇章的引领示范地位，也预示了这块热土必将更加辉煌的前景。

北京这张"金名片"，如何精心保护，细心擦拭，全面展示其风貌，尽力挖掘其能量，使之永续发展，永放光彩并更加明亮？这是摆在北京人面前的一项历史性使命，一项应自觉承担且不可替代的职责，需要做整体性、多方面的努力。但保护、擦拭、展示、挖掘的前提是对它的全面认识，只有认识，才会珍惜，才能热爱，才可能尽心尽力、尽职尽责，创造性完成这项释能放光的事业。而解决认识问题，必须做大量的基础文化建设和知识普及工作。近些年北京市有关部门在这方面做了大量工作，先后出版了《北京通史》（10卷本）、《北京百科全书》（20卷本），各类志书近900种，以及多种年鉴、专著和资料汇编，等等，为擦亮北京这张"金名片"做了可贵的基础性贡献。但是这些著述，大多是服务于专业单位、党政领导部门和教学科研人员。如何使其承载的知识进一步普及化、大众化，出版面向更大范围的群众的读物，是当前急需弥补的弱项。为此我们启动了《京华通览》系列丛书的编写，采取简约、通俗、方便阅读的方法，从有关北京历史文化的大量书籍资料中，特别是卷帙浩繁的地方志书中，精选当前广大群众需要的知识，尽可能满足北京人以及关注北京的国内外朋友进一步了解北京的历史与现状、性质与功能、特点与亮点的需求，以达到"知北京、爱北京，合力共建美好北京"的目的。

这套丛书的内容紧紧围绕北京是全国的政治、文化、国际交往和科技创新四个中心，涵盖北京的自然环境、经济、政治、文化、社会等各方面的知识，但重点是北京的深厚灿烂的文化。突出安排了"历史文化名城""西山永定河文化带""大运河文化带""长城文化带"四个系列内容。资料大部分是取自新编北京志并进行压缩、修订、补充、改编。也有从已出版的北京历史文化读物中优选改编和针对一些重要内容弥补缺失而专门组织的创作。作品的作者大多是在北京志书编纂中捉刀实干的骨干人物和在北京史志领域著述颇丰的知名专家。尹钧科、谭烈飞、吴文涛、张宝章、郗志群、姚安、马建农、王之鸿等，都有作品奉献。从这个意义上说，这套丛书中，不少作品也可称"大家小书"。

总之，擦亮北京"金名片"，就是使蕴藏于文明古都丰富多彩的优秀历史文化活起来，充满时代精神和首都特色的社会主义创新文化强起来，进一步展现其真善美，释放其精气神，提高其含金量。

2017 年 11 月

目录
CONTENTS

概　述 / 1

地质奇观
珍奇洞穴 / 4
雄峰峻岭 / 13
天　坑 / 18
清泉井水 / 19
云　梯 / 21

植物宝库
特色植物 / 24
国家级保护植物 / 29
市级保护植物 / 31
以上方山为中心的植物 / 33

上方山古树 / 34

上方山植物之最 / 36

上方三宝 / 37

药用植物 / 39

野山菌 / 44

植物故事 / 45

京畿胜地

称谓沿革 / 49

幽燕古奥室 / 51

兜率寺 / 55

上方山殿寺 / 58

上方山碑刻 / 66

上方山塔院 / 70

上方山大悲拳 / 75

古今名人与上方山

海陵王与遐龄益寿禅师 / 78

忽必烈与应公禅师 / 79

朱棣与道衍禅师 / 81

清朝皇帝与上方山 / 82

太监冯保与上方山 / 84

清亲王、郡王与上方山 / 86

邓拓关注上方山 / 90

赵朴初题名云水洞 / 94

游在上方山	神仙洞 / 96
	明朝游客 / 97
	清朝游客 / 98
	民国游客 / 100
	游览道路 / 102
	开发旅游 / 104
	完善旅游设施 / 105
志载上方山	释自如纂《上方山志》/ 108
	溥儒修《上方山志》/ 111
	《房山县志》载上方山 / 118
	《北京市房山区志》载上方山 / 120
上方山诗文故事选	《奉先县禁斫林木榜》/ 125
	上方山诗词选 / 125
	上方山文选 / 136
	《帝京景物略》文选 / 143
	故事传说 / 148
上方山变迁	上方山佛教 2000 年 / 154
	日军兵燹上方山 / 157
	上方山剿匪 / 158

保护上方山	保护上方山林木资源 / 162
	修复上方山文物 / 164
	基础设施建设 / 166
	修云梯建索道 / 169
管理上方山	管理体制沿革 / 172

参考文献 / 174

后　记 / 175

概　述

上方山，北起毗卢峰，南至狮子峰；西起紫金岭，东至棺材山。西汉称独鹿，辽代称六聘山，明代称上方山。位于北纬39°39′42″至39°40′50″，东经115°48′2″至115°49′50″，地域面积329.3公顷，距首都天安门不足70公里，自古幽州钟秀之地。历数风景名胜，上方山是京畿游览名胜，是亚洲地质瑰宝，是华北植物宝库，是中国华严圣地。上方山成为享誉全国的集山水、溶洞、森林、古迹为一体的著名风景名胜区。

上方山雄踞大房山南麓，天柱峰俯首"北连红螺，南压太湖，东负风云，西接百花"，紫金岭远望，"东连沧海，西抵紫荆，北援居庸，南控涿鹿"，形胜华北原野。"幽燕奥室"（意为幽燕大地的深宅后院）大房山，"幽燕奥室"云水洞，"幽燕奥室"上方山，千百年为华北京畿胜景。

"幽燕奥室"上方山，矗立北京西南，与太行相望，与恒山相连，与燕山挽臂，与京津平原相拥，迎东海日出，观恒山日落，拂太行春风，听草原长调，独善"燕山千里之景"。

上方山集森林文化、地质文化、佛教文化于一体，是历史赋予京畿的一块文化瑰宝，是京西生态涵养区的文化地标，不但是建设生态北京的一块绿宝石，也是建设生态京津冀的一块绿宝石。

奇秀之境上方山，天工秀美风光，春有百花，夏有云雾，秋有红叶，冬有瑞雪，三冬春暖，六月秋生，四季梵音。走进上方山，步步时时有景，四时四季景色万千。

华严圣地上方山，"四方老幼，慕其善名，而敬信之，络绎于山径之蹊，登临参拜；士夫闻之，亦往观焉"。

文化名胜上方山，文化内涵极其丰富，文化品位堪称一流。走进上方山，森林文化、地质文化、宗教文化精彩荟萃，信手拈来。明清以降，文人墨客、名流大家、王公贵族慕名登攀，赞誉有加。

上方山为几代皇宫钟情，御赐皇银金匾。中华人民共和国成立后，人民政府对上方山保护力度不断加大。1949年设立了上方山森林经营所，1980年设立了上方山管理处，1992年成立上方山国家森林公园，2007年成立了上方山风景名胜区管理委员会。目前，上方山已成为中国房山世界地质公园八大景区之一。

地质奇观

上方山属太行山脉的北延部分，位于北京房山区。主要地层为元古界雾迷山燧石条带白云岩和铁岭组燧石团块状白云岩以及洪水庄组沙页岩，岩层产状多为水平或近于水平，受黄山店褶皱—逆冲断层构造的影响，南侧断崖雄险壮观，次级断裂造成的沟谷断崖发育也很完全。该区地势由西北向东南渐低，属中低山地貌。数亿年的地质变迁，形成了上方山的地质景观。这里有以云水洞为代表的9洞、以摘星坨为最高峰的12峰、在北方发现最早的天坑、人工打造的云梯等，彰显大自然的鬼斧神工。上方山是华北岩溶构造带最典型的代表之一。

珍奇洞穴

上方山有"九洞十二峰"。溥儒修《上方山志》载20洞,最称奇的有九洞,皆天然形成。九洞即朝阳洞、华严洞、金刚洞、西方洞、九还洞、云水洞、延寿洞、阴阳洞和天王洞。这些古老山洞各具形态,文化历史久远,令人叹为观止。

云水洞 云水洞居上方山九洞之首。云水洞文明遗迹久远,溶洞形成于4亿至10亿年前,洞道中已发现5~10厘米古生物化石层,据著名古人类学家贾兰坡鉴定,云水洞与20世纪初发

赵朴初先生题上方山"云水洞"匾额

现的周口店"北京人"遗址的年代大致相当,并与古人类活动有着密切的关联。其洞体由8个大厅组成,总长近千米,供游人游览的洞为6层,总长613米。

云水洞是一座历史文化名洞。洞口竖立由我国已故原中国佛教协会会长赵朴初先生亲笔题名的牌匾。

2000多年来,云水洞吸引众多僧人、信众、权贵、文人墨客、匪徒、游客等光顾。洞中108个景观,景景令人称赞不已。据说,2000多年前,汉武帝曾求神于云水洞。

进洞之后,洞壁有一处摩崖石刻,名为《上方山云水洞拓展碑记》,记载的是王树翰等人捐资修缮云水洞的历史。石刻落成于民国二十四年(1935),雕刻者是我国清末"石刻世家"陈仁山的后裔。陈氏家族是石刻世家,在北京的颐和园、中山公园、陶然亭公园以及天安门广场的人民英雄纪念碑上都有陈氏家族的作品。

沿洞前行,左手边是一处摩崖石刻佛像,镌刻一尊西方接引佛像。佛像镌刻于辽代。造像人善伏是辽代著名高僧通理的弟子,是辽代晚期云居寺刻经的主持人。佛像的雕刻者吴世和则是同一时期云居寺石经雕刻的重要工匠,两位一起在上方山云水洞雕凿佛像,说明上方山和云居寺的历史渊源。

穿过一段狭长的通道,就进入了云水洞的第一大厅。过去入洞的通道低矮且非常窄,难以通行,被人们戏称为"十八佝偻",或"十八锅"。意思是说人进洞后先要弯腰弓背,再膝行、爬行才能进入第一大厅。后来经过修缮,通道豁然开朗,游人可以尽兴饱览大自然风光。

第一大厅高约 58 米，宽约 20 余米，举目四望，钟乳石琳琅满目。首先映入眼帘的是卧虎山，石壁上十几只猛虎头，活灵活现，跃跃欲试。洞门两侧一对巨龙自洞顶垂旋而下，鳞光闪闪，称为二龙把门。龙头前是黑龙潭，潭水阴阴，深浅莫测。厅西侧有半悬悬崖凌空，半空有洞，若在洞中引吭高歌，其声震耳。大厅顶部亦有洞，是储存音量的调节器，可以使声音在洞壁间久久地回荡撞响。若在洞底燃火把，火光冲天，蔚为壮观，被历代游人叹为奇观。

第二大厅洞厅高大宏伟，洞厅中央一颗巨大的石笋柱擎天而

云水洞擎天柱

立，柱高 38 米，顶天立地，集钟乳石万种构造于一身，居亚洲第一，世界第三，蔚为壮观。

擎天柱旁边有王母娘娘梳妆台，起名曰净水瓶、洗脸盆，犹如王母的洗漱用具。洞中有一山状钟乳石，团团簇簇，如怒放的仰莲朵朵，名叫莲花山，为流水和滴落水形成。对面是一对正在玩耍的狮子，向着莲花山仰望，这就是云水洞著名的景观之一——狮子望莲。正是"莲花朵朵开崖畔，胜似彩霞映云端，云水洞内多奇景，惊呆狮子痴望莲"。我们可以看到在狮子的头部仍有水珠滴落，似乎这个狮子形状的石笋仍在不停地生长。

洞中的塔倒三截，是一个巨大的柱状的石笋，高约 10 米，直径 2 米，是受地壳运动影响由直立而断落，成为三截，其中两

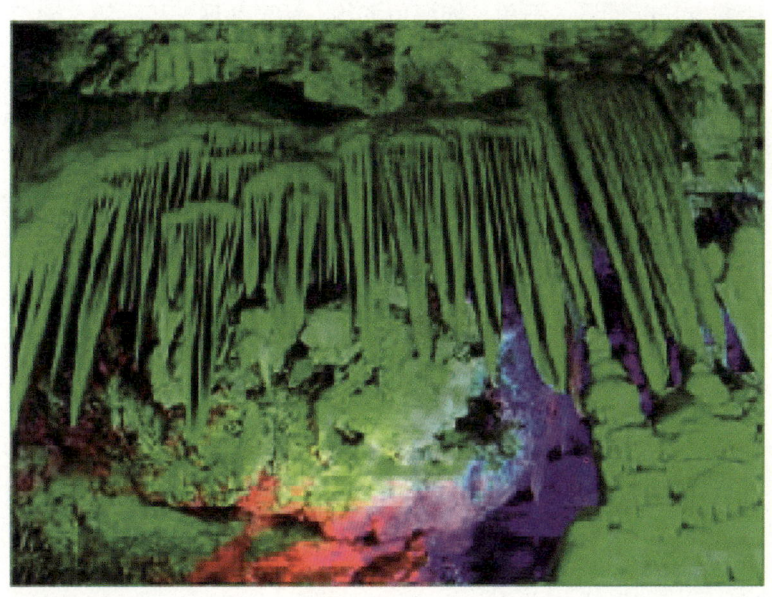

云水洞钟乳石

节倾斜在洞底，底部一节尚立于洞中，就像佛塔倒塌了一样，于是称为佛塔倒三截。洞中还有一石笋如佛状，是非常典型的滴水成因。修眉下垂，独立岩畔，称为长眉祖师像。厅中还有二龙戏珠、石幌、南佛等景观，栩栩如生。

洞中的石鼓、石钟、石琴、石幔不但造型令人称奇，敲击后还可以发出响亮的鼓声和钟声。石琴由一组排列整齐、长短有序的条状空心钟乳石组成，好似竖琴，用木棒一拨可发出清脆悦耳的声音，且五音俱全，可以演奏简单乐曲。

第三大厅是景观最丰富的一个大厅，众多景观的成因多为滴水、流水，也有飞溅水形成的石花、石枝等。如白菜山，累累朵朵如白菜；蘑菇山，丛丛簇簇如蘑菇；棉花山，团团如雪；灵芝山，带露含珠凝仙气；石龟，如海龟匍匐，活灵活现；和平鸽，翘首伫立；拦路虎，气势汹汹；双狮顶牛，旁边石猴调皮观战；白龙潭池，水龙去无踪；最神圣的还是流水形成的观音说法台，在白莲簇拥的须弥座上，观音菩萨端坐其上，仿佛在向信众说法布道，观音说法台对面是洛伽山，到这里仿佛进入了仙境。

第四大厅的景观均是娇小玲珑，虽然不多，但个个精致，十分奇怪莫测。它们多为滴水、流水，也有飞溅水形成的。如呈半阴半暗景观的钟乳石，由两种矿物质含量的滴水经过亿万年的地质变化凝固而成，造型恰似苍穹，半是阴来半是晴；双鸟对歌，两石如双鸟对歌对鸣；象驮宝瓶，一石颇似巨象，体硕鼻长奋蹄疾奔，背上有石立如宝瓶。

在云水洞的历史上，由第四大厅进入第五大厅最难，入口狭窄，口处一井，深丈余，仅容一人，入洞时有如后人足履踏前人背状，下到一半时再来一个鹞子翻身才能进入第五厅。后来经洞体改造，使险关拓平，前面所说的险状早已不复存在，因而进入第五厅也就容易多了。

第五厅景观的成因多为滴水形成。其中最著名的景观要数老头看瓜，一片圆溜溜的钟乳石散布在地上，如同西瓜田一样，田边有石如老者坐在那里，仿佛看守瓜田，此景民国间名为华严看瓜，后来人们将其俗称为老头看瓜。瓜田侧有雪花山、菊花山。雪花山银装素裹，翩翩瑞雪晶莹剔透；菊花山上石花绽开，这朵朵石花是最典型的飞溅水形成的景观，一片片、一簇簇如九月的菊花盛开，分外壮观。此厅景观还有牛心马肺，只见一串钟乳石倒悬，圆滚滚，尖溜溜，颇像牛的心肺。

由第五厅进入第六厅要经过南天门，这里是洞壁岩石裂隙经过长期的水蚀而形成的景观，给人一种要升入天庭的感觉。

第六厅因其地质现状和石笋的形状，又被僧人们赋予了一个颇有佛教色彩的名字——罗汉堂。因为这个厅中的主要景观和佛教的十八罗汉造型极为相似，故僧侣们将其称为十八罗汉大聚会。入厅后，只见高坡上滴水形成的钟乳石林立，酷似罗汉形状。他们高低错落，前呼后拥，仙态横生。毛细水形成的石旗、石幔景观悬挂其后洞壁之上，俨然是一座庄严的道场。此厅的另一景观为滴水成冰，一滴滴水珠从洞顶掉下来，落在一块晶莹的石块上。滴滴水珠与碳酸钙产生化学反应，在亿万年中使岩层融蚀出规模宏大的石灰岩溶洞，这些水珠又从石灰岩的裂隙中滴落，因蒸发作用形成洞壁、洞顶、洞底玲珑剔透千姿百态的岩溶奇景，引起人们神奇妙幻的遐想，为云水洞增加了无与伦比的大自然魅力。

此厅是云水洞的终点，洞后的斜坡下原来还有一个洞厅，只因里面没有出奇的景观，就没有进行开发。1980年云水洞对外开放后，此厅也就没人下去过。但在云水洞的开发之前，这个洞厅先后有两个人曾以探险形式下去过，一个是法国陆军少校凯尔曼，一个是东北军将领陈兴亚，他们分别于民国二年（1913）、民国二十一年（1932）到过第七层。那时，各种条件都不具备，但他们的执着和探奇精神感动了僧人，于是组织人力物力向下越过了相连接35米的台坎，进入第七厅。当时凯尔曼由平汉铁路局法籍工程师蒲意雅陪同，但只到了七层洞口，没能进入主洞。民国二十一年（1932），东北军将领陈兴亚进洞，吸取了前人的经验，顺利进入主洞，但他们发现洞内全是塌落的巨石，虽然很大，却没有多少景观。于是他们又找到一个可以进入下一个洞厅的小洞入口，从而进入第八大厅，但是这里和七厅无异，仅寻到一处纵深小洞，也无法进入，对云水洞的探索到此算是告一段落了。

云水洞开放六厅，实为八层，洞长按八层算应超过千米，没开放的部分，有待于今后的开发和探查。

华严洞　华严洞洞窟位于上方山十二峰之一的狮子峰北的东山崖。1928年，《房山县志卷三·上方山之华严洞》载："上方山西南岭，华严师初开山时，卓锡于此。中有石台，高三尺许，周围可四合抱。台上生成一池，池之轮廓如马齿之环匝，池心生石一，拳形如柿，洞顶生石莲一，巨朵匝小花甚夥。巨莲与石柿上下相准，莲心滴水正落柿上，铿然作琴瑟声，永久不涸。"

华严洞洞窟分上、下两洞，上边石洞大，慧晟禅师曾设坛讲法。下边石洞小，可打坐静修。奇处在于，下边石洞有清澈的泉水溢出。泉水晶莹剔透，甘甜润口，正常年景四季流淌不断，可供修行人引用。洞内约20平方米，曾经垒砌土炕，生火取暖。洞口较小，便于封挡，躲避豺狼虎豹。洞口面向东方，日照时间长，洞内冬暖夏凉。

正是看中了上方山独特的自然地理条件，东汉时期印度高僧慧晟禅师才选择华严洞设佛龛、立戒坛、传播佛法。东汉时期，华严洞上边大洞供奉佛祖，为法师讲经之地。下边小洞为历代华严法师闭关之所。洞口用土坯垒成墙壁，墙壁上方写有"华严洞"三字。东汉迄今，历朝历代，都有高僧慕名至上方山，在华严洞闭关修行。

华严洞

阴阳洞 阴阳洞位于象王峰下，背东面西，天然形成，内为半圆形，纵深十余步，洞底渗有山泉水，可供饮用。洞前庭南北各筑一室，南侧有明室一间，早年为僧人居处。北侧有暗室一间，伸手不见五指。由于南北有明、暗两室，故称阴阳洞。

阴阳洞

延寿洞 自兜率寺西去，过舍利殿、毗卢殿，向北进入一个绿树丛生的小山坳，眼前出现一处山石垒砌的高高的台地，沿山坳东侧的山径攀行，拾级升上台地，延寿洞就坐落在台地北侧的崖壁上。洞口呈坐北朝南的形势，洞体就天然洞形势略加开凿而成，高约4米，宽和纵深各约6.6米。洞后开一龛，为供佛处。洞前部左侧沿洞壁开凿一条狭长的平台，乃是洞内居僧存放食物用的，右侧则是一处单人床大小的火炕。洞口处是长方形的木门，门两侧是木质方格直棱窗，门窗已残。洞外的门窗前有残缸一口，洞前的平场不大，南有围墙在洞前围成院落，西侧有小殿一间，东向，已废。院落东侧便是山门。

雄峰峻岭

上方山群峰环拱，奇峰矗立，释自如撰《上方山志》记载其中4峰，而世人多称上方山十二峰。溥儒修《上方山志》载8峰、2顶、1坨、4岭、4岩、3台、4石。上方山东西两壑，狭谷幽深，悬崖断壁，朝霞夕阳，云雾缥缈，林木苍郁，变化万千。古往今来，独得世人青睐。

上方山属太行山（一说北岳恒山）余脉的大房山支脉。北起毗卢峰，南至狮子峰，西起紫金岭，东至棺材山。地势由西北向东南逐渐降低，平均海拔400米。最高峰为天柱峰。上方山辽代称六聘山。

六聘山　辽代，将上方山地区统称为六聘山。溥儒修《上方山志》卷一载："康熙癸丑（1673）登上方山，见兜率寺南十方院东，有金大安中忏悔上人坟塔，后十四年（1687）复游上方，于孤山口西麦田中，见有元延祐间所树碑，集贤学士魏必复所撰，称此地为六聘山天开寺下中院。又于甘池村北数里访天开寺，尚存。盖当日寺僧管业其地甚广。天开乃其下院，孤山则下中院。兜率寺为上方，而总名之约六聘山。"

天柱峰　又名摘星坨，海拔860多米。

天柱峰位于上方山前山兜率寺西侧，古称观音峰。有千余级石阶从山腰盘亘通向峰顶。峰顶曾建有"竣极殿"，后倾圮。登上摘星坨，观红日东升，送晚霞西遁，尽数上方群峰，方才可感受会当凌绝顶，一览众山小。

天柱峰

飞来峰　位于天柱峰之南。岭上有偌大奇石一块，与山岭不一，故曰飞来峰。溥儒修《上方山志》载："穿云蔽空，欹岩窥涧，世无慧理，其谁知之。"

象王峰　溥儒修《上方山志》载："在兜率寺东北，背盎鼻垂，苍皱庞兀。曰象王者，用浮屠氏之言也。"

望海峰　溥儒修《上方山志》载："在兜率寺东南。崒嵂隐日，其峻极天晴明凌之可望，沧海世无成，连谁移情者。"

青龙峰　在望海峰右，与华严洞遥遥相对，旧与沟口的接待

青龙峰

庵遥相呼应。峰头曾建有普兴庵、钟楼，悬万缘弘钟。钟鸣山谷，声韵悠长，不绝于耳。

骆驼峰 形状如一匹巨驼，首南尾北，昂首云空，驼峰双耸，星云披靡，四蹄没于苍林翠壑，呈凌空踏云长涉之势，令人浮想大漠夕阳、驼铃铿锵之景，感叹大自然造化的神奇。

回龙峰 在文殊殿北，山峰突兀，如龙腾云，故称回龙峰。

啸月峰 在紫云岭东，为上方山第二峰，如天狼啸月，故称啸月峰。

狮子峰 在接待庵后，面南背北，取白虎之意，守护上方。

茶罗顶 在文殊殿后。上方诸峰无凌其上者，是上方山最

骆驼峰

高峰。

毗卢顶 在毗卢庵上,为上方山第三峰。

筏汉岭 俗称"发汗岭",是登临上方山的第一段陡路。抬望眼,几十块巨石错乱叠压,封锁山壑,青檀茂密,路断悬崖。100多级石阶循巨石曲折而上,一尊巨石,横亘沟壑,石壁镌刻"阿弥陀佛",字体遒劲端庄,令游者顿消许多攀登之疲劳。

紫云岭 在上方山之北。

筏汉岭

溥儒修《上方山志》载："削壁摩天，恒生云雾，夕风披拂，余霞散绮，枫叶松影，流丹骈碧。远而望之，渺不知其所极。"

黄花岭　在象王峰北，即象王峰首部，满山黄花，故称黄花岭。

凤凰岭　在摘星坨南，即飞来峰。因飞来石如落在山上的凤凰，故称凤凰岭。

普陀岩　在观音殿北，因寺庵得名。

伏狮岩　在圣泉庵上，因寺庵得名。

极乐岩　在兜率寺东北 1.5 公里。

欢喜台　是静卧在筏汉岭石阶路上方路边的一块天然巨石。巨石上镌刻"欢喜台"三个大字。登上巨石，俯瞰登临之路，石阶路、巨石阵掩映在遮天蔽日的青檀中，仰望前方，悬崖峭壁横亘眼前，寺庵悬在云空，云梯攀援在云雾中。

莲花台　在摘星坨东南。一名小摘星坨。

西厢台　在天王殿前。

天干石　在大悲庵下，溥儒修《上方山志》载："卧石突兀，上生白檀，排云御风，清荫蔽碉，映衬日月。"

合掌石　在兜率寺门内。溥儒修《上方山志》载："石峙相向如掌，其巨灵之徒欤。"

艮岳石　在下中院禅院，移自江村高氏园中。

应声石　在尊圣殿后。溥儒修《上方山志》载："有石如砥，可容数十人，人坐其上，笑语声出前岩。"

品字石　位于云梯庵右上方的峭壁上，如人工垒砌。

品字石

天　坑

　　天坑，学名叫"崩塌漏斗"，是由于地质塌陷而形成的。

　　上方山天坑是继广西乐业天坑、四川重庆天坑之后在我国北方首次发现的天坑，是我国北方罕见的地质奇观。上方山天坑旧称旱龙潭，又称跃龙，位于青龙峰山腰。天坑深70多米，坑口直径30多米，底部直径60多米。底部成坡状，生长有多种木本草本植物，也曾发现木化石、骨化石之类物品，具有很高的科研价值和旅游价值。天坑大多形成于沟谷地带，唯上方山天坑形成于山峰中。

天坑

清泉井水

　　井、泉是山之血脉，有井有泉山则活，有井有泉山则灵。溥儒修《上方山志》载8眼泉。上方山的井、泉维系着上方山的生灵。

　　上方山独特的地理构造形成丰富的山泉资源，风调雨顺之年，山泉汩汩，林荫遮蔽，自在逍遥。但天地自然，自有春旱雨少之年，上方山难免甘泉断流，特别是寺庵增多，僧众云集，凿井饮水，势在必行。水为生命之源，上方山古井随寺而建。上方山最早的古井凿于何年，已经不得而知。明代有重修井泉的碑刻，可见古井的出现应早于明代。

　　上方山的井主要是南双井、北双井。

南双井名惠水南双井。位于摘星坨山峰的山脚下,观音殿北,双井一上一下,中间古柏相隔,井口直径1米。北双井名金仙北双井。位于望海庵西南山脚的悬崖下,一南一北,双井并肩。双井的岩壁上分别嵌有碑刻。

除南北双井外,上方山有名的古井尚有11眼,分别是:八功德水井,在西朝阳庵;普济井,在云水洞西半里;恩泽井,在瓣香庵东;甘露井,在兜率寺左;挽龙井,在昙花庵南;云遮井,在云梯东;回龙井,在接待庵东;等等。

历史上,上方山沟壑岩洞,处处山泉。

一斗泉 位于黄花岭悬崖下方,悬崖称斗泉崖,斗泉崖下有斗泉庵。斗泉庵东配殿内侧一间为穿堂门,于此进庵。西配殿内侧一间亦为过门。西出过门,顺石阶转于庵前基下,庵基为山石垒砌,中开一洞方门,入为一斗泉,泉深三尺许,方二尺,可汲可饮,经年不竭。

圣泉 位于狮子峰北山崖下圣泉庵内,有清泉3眼,泉水清澈甘冽,相传为华严祖师施法圣水,具有治病驱邪功效,被传为圣泉。

狮吼泉 位于接待庵后,细流转涧,冬寒不涸。

凤凰泉 在摘星坨西,云水洞上方,又称龙虎泉。

一勺泉 在青龙峰东北,因泉水微细,故称一勺泉。

慧龙泉 在龙虎峪广祠庵中。传说喝此泉水,可以使人聪慧。

龙眼泉 在苹果园下,挖开形成的泉水。

青龙泉 在兜率寺左,位于青龙山下,故称青龙泉。

清凉泉 在接待庵西 3 公里。泉眼位于山崖上,喷流而出。

香水湖、臭水湖 二湖位于筏汉岭前的河沟中,是两个几米深的水潭,臭水湖在上游,香水湖在下,两湖上下不足两米落差。水量大时,臭水湖的水流入香水湖,从香水湖流出。但臭水湖水臭,不可饮用,香水湖的水甘甜,可以饮用。多少年来,引来众多说法。后因修路,两湖被填埋。

云 梯

进出上方山,原为 3 条攀岩越涧的山间小路,后修云梯,始有直达兜率寺的山路。云梯是扼守上方山的关隘,可谓"一夫当关,万夫莫开"。1990 年修西路云梯,可直通云水洞。

登上方山原有两条山路:一条位于望海峰的悬崖峭壁上,行走艰难,路途远;一条位于兜率寺下山涧中,阻于云梯的悬崖峭壁上,只有山人可以攀爬。修筑云梯后,登临上方山之人,均可走捷径进出上方山,拜谒华严洞、兜率寺。

上方山云梯连通山上山下,成为朝圣游览必经之路。云梯开凿于百米绝壁旁的悬崖峭壁之上,此悬崖垂直陡峭,夏秋瀑布飞垂,时常云雾萦绕,云雾中石梯、铁索、寺庵时隐时现,攀登之人宛如身临仙境,故称云梯。

上方山云梯始建于金代,明代曾三次重修,全部在悬崖峭壁

东门云梯

上开凿垒砌而成,依岩就势,共10层266级台阶,最窄的台阶仅能放半只脚。石台阶内侧为石壁,外侧自下而上砌有护墙,护墙外为悬崖。石台阶两侧,自下而上内悬两根铁索,供人攀登抓扶。云梯第二层建有金刚山神庙,供奉金刚山神。岩壁上摩崖镌刻民国名流陈兴亚手书"幽燕奥室"。第五层建有弥陀洞,内可容一人端坐。第十层建有云梯庵。据守云梯庵,自是一夫当关,万夫莫开。

上方山云梯以险峻著称。20世纪60年代的电影《智取华山》中的诸多镜头都取自这里。攀登云梯,也是世人的一种磨炼、修行和享受。

植物宝库

上方山是华北植物宝库，现有植物110科316属645种，20余个变种变型。上方山植被资源具有原始性、地带性、稀有性和珍贵性，植物具有多样性、独特性、稀有性特征，拥有大量国家及北京市级保护植物和数量众多的野生古树和树王。

特色植物

上方山位于暖温带半湿润地区,属山前暖区,群峰环绕,坐北向南,山峰中有谷地和盆地,小气候温暖,构成了独特的自然地理环境。这里适宜多种植物生长,不但形成了植物多样性,还形成了上方山植物的独有性、稀有性。

房山翠雀 是上方山独有植物品种。花色大多为蓝紫色或淡紫色,花型似蓝色飞燕落满枝头,因而又名"飞燕草",是珍贵的蓝色花卉,具有很高的观赏价值。

房山紫堇 房山区特有植物,上方山多有分布。是罂粟科,紫堇属一年生灰绿色草本植物,高可达50厘米,茎分枝,叶片近三角形,上面绿色,下面苍白色,羽状全裂,裂片狭卵圆形,

房山翠雀

顶端钝,茎生叶与基生叶同形。总状花序,有花。花粉红色至紫红色,平展。苞片狭卵圆形至披针形,萼片小,近圆形,蒴果线形,下垂,种子密生环状小凹点;种阜小,紧贴种子。3—4月开花,

房山紫堇

4—5月结果。分布于中国辽宁、北京、河北、山西、河南、陕西、甘肃、四川、云南、贵州、湖北、江西、安徽、江苏、浙江、福建、日本也有分布。生于海拔400-1200米左右的丘陵、沟边或多石地。

上方山苔草 上方山与陕西崂峪独有植物,年生常绿草本植物,莎草科,苔草属。草叶修长,外形美观,花色典雅,适应能力强、耐寒、耐旱性强,耐瘠薄、无病虫害,在浓密的乔、灌木下生长繁茂。

脱皮榆 即榔榆,也称小叶榆。落叶乔木,冬季叶变为黄色或红色宿存至第二年新叶开放后

苔草

脱皮榆

脱落，高达25米，胸径可达1米。微凹凸不平；树木坚硬，可供工业用材；茎皮纤维强韧，可作绳索和人造纤维；根、皮、嫩叶入药有消肿止痛、解毒治热的功效，外敷治水火烫伤；叶制土农药，可杀红蜘蛛。广泛分布于华北、华中、华东等省区。北京市仅在上方山及周边地区有发现。

省沽油 灌木或小乔木，高达5米。北京地区仅在上方山有省沽油植物。

瓜木 落叶灌木或小乔木，高可达7米。产于中国东北南部、华北、西北及长江流域地区；朝鲜、日本也有分布。北京地区仅

省沽油

在上方山有瓜木植物。药用功能：能祛风，除湿，舒经活络，散瘀止痛。药用部位：根及根皮（瓜木根）。

瓜木

鞘柄菝葜 落叶灌木或半灌木，直立或披散。分布于河北、山西、陕西、宁夏回族自治区、甘肃、青海、山东、安徽、浙江、江西省。北京地区仅在上方山有生长。

槭叶铁线莲 别名崖花（房山十渡叫它 nie 花）。多年生直立小灌木，高 30～60 厘米。根木质，粗壮。老枝外皮灰色，有环状裂痕。主要生长于北京房山、门头沟与河北省涞水县的石灰岩山地的悬崖峭壁上，生境非常独特。槭叶铁线莲最早发现于北京，曾将它表述为"特产于北京"。槭叶铁线莲的木本特性、独特的生境以及早春开花的特点，在北京野生植物中很特别、很

槭叶铁线莲

罕见，且数量稀少，因此被收录到《北京市一级保护野生植物名录》中。

北京粉背蕨 中国蕨科，多年生植物。根状茎短而直立，密被棕色鳞片。叶簇生。叶柄棕黑色，铁丝状，基部被鳞片。叶片五角形，渐尖，长宽几相等，基部羽片最大，背面被雪白色粉末；裂片长圆形，先端钝，边缘具明显的缺刻；羽片中肋明显，侧脉不明显。生于墙壁上和石缝中。上方山常见，见于半阳坡的石缝中。北京市仅上方山和昌平存有。

北京粉背蕨

国家级保护植物

根据国家林业局、农业部的《国家重点保护野生植物名录(第一批)》(1999年9月9日),国务院环境保护委员会(1984年)以及国家环保局、中国科学院植物研究所修订(1987年)的《中国稀有濒危保护植物名录(Ⅰ)》,上方山共有国家级保护植物10种,属于8个科10个属,其中4种为乔木树种,木本植物中有2种是栽培植物,即银杏和红椿;其余6种为草本植物。

上方山地区10种国家级保护植物

中文名	科名	保护或珍稀级别	野生或栽培
黄檗	芸香科	国家二级	野生
青檀	榆科	国家级稀有	野生
小叶中国蕨	中国蕨科	国家二级	野生
刺五加	五加科	国家三级	野生
绶草	兰科	国家二级	野生
角盘兰	兰科	国家三级	野生
小花火烧兰	兰科	国家三级	野生
野大豆	豆科	国家三级	野生
银杏	银杏科	国家一级	栽培
红椿	楝科	国家二级	栽培

青檀 国家级稀有植物，又名翼朴，落叶乔木，耐贫瘠、干旱，为中国特有的单种属。乔木，高达20米或20米以上，胸径达70厘米或1米以上；树皮灰色或深灰色，不规则的长片状剥落。茎皮、枝皮纤维为制造驰名国内外的书画宣纸的优质原料。为上方山东西两条峡谷主要林木树种。此地青檀成片成林，为华北最大青檀林。云梯旁悬崖上的青檀有的高达30米，树龄几百年。

绶草 国家二级保护植物，别名盘龙参、龙抱柱等，兰科，生于上方山山坡林下。肉质根，基部生有2~4枚叶，叶条状披针形或条形，花被为淡粉红色，唇瓣囊状，内有腺毛，花序顶生具多数密生的小花，似穗状，呈螺旋状排列，花白色或淡红色，像小龙盘在柱上。根或全草入药，能滋阴益气、凉血解毒。

青檀　　　　　　　　　绶草

市级保护植物

根据《北京市重点保护野生植物名录》(北京市人民政府、北京市园林绿化局、北京市农业局，2008年公布)，上方山共有市级保护植物21种，属于15个科21个属。其中一级保护植物1种，二级保护植物20种。这些保护植物中有乔木5种、灌木1种、草本13种、木质藤本1种、草质藤本2种。

市级保护植物

中文名	科名	保护或珍稀级别	野生或栽培
槭叶铁线莲	毛茛科	北京市一级	野生
青檀	榆科	北京市二级	野生
脱皮榆	榆科	北京市二级	野生
流苏树	木犀科	北京市二级	野生
胡桃楸	胡桃科	北京市二级	野生
省沽油	省沽油科	北京市二级	野生
北枳	鼠李科	北京市二级	野生
小叶中国蕨	中国蕨科	北京市二级	野生
房山紫堇	罂粟科	北京市二级	野生
草芍药	芍药科	北京市二级	野生
远志	远志科	北京市二级	野生
狗枣猕猴桃	猕猴桃科	北京市二级	野生
党参	桔梗科	北京市二级	野生

(续表)

中文名	科名	保护或珍稀级别	野生或栽培
知母	百合科	北京市二级	野生
黄精	百合科	北京市二级	野生
山丹	百合科	北京市二级	野生
独角莲	天南星科	北京市二级	野生
宝铎草	百合科	北京市二级	野生
角盘兰	兰科	北京市二级	野生
小花火烧兰	兰科	北京市二级	野生
穿龙薯蓣	薯蓣科	北京市二级	野生

宝铎草 别名淡竹花，百合科，多年生草本植物。该花茎光滑，少分枝，根茎可入药。叶片质薄，披针形，卵状长椭圆形至宽椭圆形，叶柄极短。花黄色、淡黄色、绿黄色或白色，筒状。浆果黑色，近球形。

宝铎草

独角莲 天南星科，多年生草本植物，有滴水参、白附子、疗毒豆等别称，北京其他地区很少。块茎直径2~4厘米大小不等，颈部须根多。叶与花序同时抽出。叶柄密生紫色斑点，佛焰苞紫色，管部圆筒形或长圆状卵形，肉穗花序几无梗，附属器紫色，雄花无柄。块茎可入药。

独角莲

以上方山为中心的植物

上方山独特的自然地理环境,以及中华人民共和国成立后对植物资源保护的不断加强,造就了上方山植物的独有性、稀有性。多种植物在上方山分布茂密,以上方山为中心,向四外发散生长。

黄果朴 又名垂珠树、木瓜娘、白麻子、抛果树。榆科,朴属,产于上方山、北京、河北、河南、山西、陕西和甘肃等省。落叶乔木,可以高达 27 米。

黄果朴

碎米桠

碎米桠 唇形科香茶菜属，小灌木，高0.3~1.2米，根茎木质，有长纤维状须根。生于山坡、灌木丛、林地、砾石地及路边等向阳处，海拔100~2800米。产于上方山、河北、山西、河南及南方各省等地。

以上方山为中心分布的植物还有三花莸等。

上方山古树

中华人民共和国成立后，上方山成为政府重点林木建设、保护单位，使上方山古树得以休养生息、滋养生长。山上名木古树品种多,数量大,是北京地区少有的名木古树群。山上有一级名木古树51株,菩提树、蜡梅更是不可多得;二级古树有4000余株。

柏树王 位于吕祖阁院中。柏树王直径1.2米,树高31米,树龄约在1500年以上,是上方山最古老的柏树,不但有上方山的树王之誉,也是京郊柏树之王。柏树为常绿乔木,较耐寒,耐干旱,寿命很长,在中国分布广。

槐树王 位于观音殿下方。槐树王直径1.3米,树高27米,树龄约在1100年以上,是上方山最古

柏树王

槐树王

松树王

银杏王

老的槐树。槐,又名国槐,落叶乔木,树型高大,花乳白色,喜光而稍耐荫。能适应较冷气候。根深而发达。抗风,也耐干旱、瘠薄,寿命很长。

松树王 位于藏经阁院中。松树王直径 1.1 米,树高 29 米,树龄 1000 年以上。能忍耐贫瘠土壤,环境适应性极强,耐干旱,喜欢阳光,寿命很长。

银杏王 位于观音殿前。银杏王直径 1.11 米,树高 28 米,树龄在 1000 年以上。银杏出现在几亿年前,现存活在世的银杏稀少而分散,上百岁的老树已不多见,所以银杏又有活化石的美称。银杏树的果实俗称白果,因此银杏又名白果树。银杏树生长较慢,寿命极长。

上方山植物之最

上方山作为华北植物王国,不同的植物具有不同的药源、蜜源、纤维、淀粉、油脂、食用、芳香、饮品等功用,我们可以用最为直观的方法,找出上方山植物

柿子

核桃

探春花

生长之最。

柿子 果实个体最大。上方山有柿子、梨、桃、苹果、山楂、李子、杏、桑葚等多种水果，柿子果实个体最大。

核桃 果核个体最大。上方山有核桃、桃、李子、杏、枣、酸枣、橡子、樱桃、黑枣等多种长有果核的果品，核桃果核个体最大。

探春花 在上方山诸种植物中，探春花花香最浓，花香释放时间较长。

上方三宝

香椿、黄精和拐枣被誉为上方山"三宝"。

香椿 楝科，落叶乔木，树体高大，椿芽营养丰富。中国人食用香椿久已成习，汉代就遍布大江南北。上方山香椿幼芽呈紫红色，光泽鲜亮，纤维少，含油脂较多，香味浓郁，为清廷贡品。

香椿　　　　　　　　黄精

上方山香椿成为皇宫的贡品，是由于上方山独特的地势和气候条件，香椿出芽至少要比平原地区晚半个月左右，而且梗粗叶小，颜色鲜艳，香味十足，因此得到了青睐。中央电视台《舌尖上的中国》播出后，上方山的香椿更是名传四海。

黄精　又称鸡头参。草本植物，百合科，生于上方山林下、灌丛或山坡阴处。中医学上以根茎入药，是难得的滋补之物。据史书载，昔皇帝问天姥：天地所生有令人不老者乎？天姥曰：太阳之草曰黄精，食之可以长生。可见黄精的药用作用之大，古代竟受到了皇帝的封赏。关于黄精的记载，清代完颜麟庆有诗为证："闲寻七十二僧家，饷罢黄精又饷茶，更喜翩翩三绶带，声如音乐和瑜伽。"早年上方山僧人把黄精当作礼物送给客人，明清时期山上的僧人用黄精当茶招待客人。

拐枣

北枳椇 又名拐枣,落叶乔木,是一种抗旱的落叶乔木。鼠李科,树木可高达10余米,花黄绿色,浆果状核果近球形,成熟时黑色。果实味甘甜如枣,故名拐枣。分布于沟壑山中密林间,又称金钩子,多产于南方。可食用、可酿酒,还可消解酒毒、滋补强身。北方稀少,因而被人们称为珍品。

药用植物

上方山有药用植物537种。药用植物是指植物体内或其根、茎、叶、花、果实等含有预防、治疗某种疾病的化学成分的植物。

上方山药用植物众多,其树根、树皮、树枝、树叶、花蕾、果实等,都具有不同的药用价值。

乔木类药用植物

松树 松树全身是宝。李时珍在《本草纲目》里说:"松叶,名为松毛,性温苦,无毒,入肝、肾、肺、脾诸经,治各脏肿毒,风寒湿症。又说能够治疗肿包,促进毛发再生,强健肝、肾、心、脾、肺五脏,能够充饥,延年益寿。"人类心脏病的几大症状如心绞痛、心悸、喘息、呼吸困难,在饮用松针制剂后,都不可思议地会得到改善。

柏树 柏树全身是宝,树脂、树油、果实、枝节、树叶均能入药,而以侧柏的种子柏子仁和侧柏叶在临床上应用得最为广泛。柏子仁性味甘、平,有养心安神、润肠通便的功用。柏叶性味苦、涩,寒,有凉血、止血、祛风湿、散肿毒的功用。

上方山松塔

槐树 国槐身上多个地方都有药用价值，槐叶、槐枝、槐根、槐角各有不同的功效。槐叶清肝泻火、凉血解毒、燥湿杀虫。主尿血、痔疮、湿疹、痈疮疔肿、小儿惊痫、壮热。槐枝散瘀止血、清热燥湿、祛风杀虫，主心痛、目赤、疥癣、崩漏、赤白带下、痔疮、阴囊湿痒。槐根散瘀消肿、杀虫，主痔疮、喉痹、蛔虫病。槐角（果实）凉血止血、清肝明目，主痔疮出血、肠风下血、血痢、肝热目赤、头晕目眩、崩漏、血淋、血热吐衄。

灌木类药用植物

黄栌 别名红叶，落叶小乔木或灌木，漆树科，树冠圆形，木质部黄色，树汁有异味；单叶互生，叶片全缘或具齿，叶柄细，无托叶，叶倒卵形或卵圆形。秋季当昼夜温差大于10℃时，叶色变红。根、茎，特别是嫩茎，可治疗急性黄疸型肝炎、慢性肝炎、无黄疸肝炎、麻疹不出等。枝叶清湿热、镇痛疼、活血化瘀，可抗凝血、溶血栓、抗疲劳，具有抗菌消炎、退热消肿等功效。

山桃 山桃的种子、根、茎、皮、叶、花、桃树胶均可药用。

荆 小乔木或灌木，广泛分

黄栌

布于上方山,是荆花蜜蜜源。果实圆球形。主治祛风、除痰、行气、止痛,用于感冒、咳嗽、哮喘、风痹、疟疾、胃痛、疝气、痔漏。黄荆子祛风、祛痰、镇咳。黄荆叶解表、止疟、消暑。黄荆根祛风湿,利关节。

藤蔓类药用植物

葛 又称葛条,豆科,藤本,全体被黄色长硬毛,茎基部木质,有粗大的茎状根。葛根,秋、冬二季采挖,趁鲜切成厚片或小块。有解肌退热、透疹、生津止渴、升阳止泻的功效。葛花,沏茶,可用于解酒。

葡萄 葡萄性味甘、酸、平,入肺、脾、肾经,能补益气血、强筋骨、通经络、通淋消肿、利小便、滋肾益肝。葡萄易泄泻,不宜过食。医疗上能起到补肾、壮腰、滋神益血、降压、开胃的作用,尤其在预防和治疗神经衰弱、

荆

葛

胃痛腹胀、心血管疾病等方面有较显著的疗效。葡萄根、叶也是中药材。葡萄根除风湿，利小便。治风湿痹痛、肿胀、小便不利。

猕猴桃 也叫奇异果，果形椭圆近球形，皮黄褐色或黄绿色，表面有细绒毛，皮薄。果肉淡绿色，半透明，细嫩，汁多味香，酸甜可口。果实可鲜食，亦可加工成果汁、果酱和果脯。猕猴桃营养价值很高，含有糖类、脂肪、蛋白质、氨基酸和磷、钾、钙、铁、镁等矿物质，而且含多种维生素，有"维生素果""超级水果""水果之王"的美誉。长期食用，有利于解决食欲不振、消化不良等症状。

草本类药用植物

柴胡 别名地熏、山菜、菇草、柴草，多年生草本，伞形科，茎丛生或单生，上部多分枝。《中国药典》收录的草药。春、秋二季采挖，除去茎叶及泥沙，干燥。柴胡是常用解表药，性味苦、微寒，归肝、胆经，有和解表里，疏肝升阳之功效。

蒲公英 菊科，多年生草本植物。生长于山坡草地、路旁。

蒲公英性味甘，微苦，寒，归肝、胃经。有利尿、缓泻、退黄疸、利胆

柴胡

蒲公英　　　　　　　　　知母

等功效。治热毒、痈肿、疮疡、内痈等。蒲公英可生吃、炒食、做汤,是药食兼用的植物。

知母　多年生草本植物,根状茎。《本草备要》称其"泻火补水,润燥滑肠"。辛苦寒滑。上清肺金而泻火,泻胃热,膀胱邪热,肾命相火。下润肾燥而滋阴,入二经气分。

野山菌

上方山野山菌漫山遍野,特别是不同时节的雨后,都会有不同的野山菌长出,是最美、营养价值颇佳的原生态、纯天然食品。

木耳　别名黑木耳,木耳科,是上方山重要野山菌。主要生长在树桩、朽木上,以臭檀树生长最多。7、8、9月雨后长出。色泽黑褐,质地柔软,味道鲜美,营养丰富,可素可荤,为中国菜肴大添风采。能养血驻颜，令人肌肤红润，容光焕发，并可防治缺铁性贫血等，具有多种药用功效。

马勃菌

马勃菌 硬马勃菌科，是上方山重要野山菌。喜高温高湿环境，多出现在雨水丰沛的7、8月份，雨后生长在上方山的草丛里。幼时内外部白色，鲜美可食，可做菜吃，嫩如豆腐，老熟后变成灰褐色，用手指弹时有粉尘飞出，内部如海绵，无法再食用。马勃菌清热、利咽、止血，对口腔出血有明显的止血作用。

植物故事

上方山历经千古，有众多故事流传于世为后人津津乐道，现择其一二，讲述如下。

柏树王的故事 云水洞古称神仙洞，早在春秋战国就有仙人云游，修建道观，栽植了柏树王。吕洞宾成仙后云游到上方山，住进道观，为百姓解除疾病，深得百姓敬仰。后人为纪念吕洞宾，将道观改为吕祖阁。柏树王仿佛也得道成仙，生长得更加郁郁葱葱。

有两个人对柏树王起了恶意，伺机割其树脂做药，砍其树皮制油。一连数日，在周围转悠，伺机下手。有一天，吕祖阁道人外出云游，二人急忙溜进院中，开始作案。二人试图把带有沟槽的铁刃钉进树干，截留树脂，但铁刃怎么钉都钉不进树皮里，用斧头砍，砍不动。同时，总是有声响，似乎在说，慢着……二人不以为然。后来把铁刃钉进树皮后发现树皮里滴出的液体如滴滴鲜血。二人大惊失色，连忙跪下给柏树王磕头告饶。霎时间，上方山乌云滚滚，雷鸣惊天动地，一道闪电直冲二人而来，但见柏树王树身一摇，闪电击在树干上。跪在树根前告饶的二人，都被弹出了一丈开外，昏倒在地上。

过了许久，天晴了。二人苏醒过来，只听一个声音在说："你们走吧。"他们环顾四周，并没有人，只见柏树王一人多高的地方，树皮被什么东西撞破了。二人一下子明白了，是柏树王救了他们。二人赶紧给柏树王连磕数个响头感谢救命之恩，跌跌撞撞离开了吕祖阁。

柏树王保护了二人，树干上却被击出一个大疙瘩。从此，人们都说，上方山的柏树有神灵，受上天保护；上方山的树仁慈，千万不要伤害它们。从此，人们都在房前屋后种植柏树，既求保护也图吉祥。人们到了柏树王前，都要叩拜仁慈的柏树王。

上方山拧丝柏 上方山曾养一匹毛驴，由一老一小两个和尚饲养，小和尚每天负责给驴割草。老和尚发现，小和尚割的草毛驴特别爱吃，就是日复一日，每天割一种草，长得一样高、一样嫩绿。遂问小和尚怎么回事，小和尚如实回答。

原来，上方山有一块湿地，长着很大一墩青草，割了一茬又长出一茬，割满筐，草就不长了。第二天去，依然如此。老和尚要看个究竟，就与小和尚到了湿地，果然有一墩青草，割了一茬又一茬。师徒二人刨开湿土想看个究竟，但只发现一个很不起眼的泥盆，左右端详，没有什么特别之处，于是决定将其带回庵中。

小和尚捧着泥盆往回走，因为怕把手腕上的手串硌坏，便把手串摘下放进了泥盆。回到庵中，小和尚放下泥盆，拿出手串戴在手上，奇迹发生了。只见泥盆中又出现一串同样的手串，小和尚赶紧喊师傅："师傅快看哪！"老和尚告诉小和尚，这是一只聚宝盆。他们赶紧报告方丈，方丈命师徒二人妥善保管。从此，每当上方山有急需时，便请聚宝盆施舍。

上方山有聚宝盆的消息不胫而走，后被日本武士得知，便欲到上方山窃夺。方丈让师徒二人外出躲避，免遭不幸。为保聚宝盆安全，师徒二人将聚宝盆埋在唯一的一株拧丝柏树下。日本武士以死威胁方丈，不果；遍寻山上，未见，后千方百计查找师徒二人。就在日本武士找到师徒二人前夜，一位高僧托梦老和尚，明日有倭寇强索聚宝盆，你可告知其聚宝盆就埋在拧丝柏下，即得正果。梦醒，老和尚命小和尚赶紧远离躲藏。次日午，日本武士果来劫持老和尚。老和尚照梦中高僧指点回答后便一字不语。

日本武士押着老和尚走进上方山，老和尚先是一惊，然后是满面欣慰，示寂。原来，几天之间，上方山到处长起了拧丝柏，根本分不清哪里是埋宝之处。

日本武士大为惊诧，不再纠缠，赶紧逃离了上方山。

京畿胜地

上方山自西汉始,成名胜之地。其丰富多彩的佛教文化、地质文化、森林文化吸引了众多的帝王将相、皇亲国戚、高僧大德、文人骚客朝觐上方山,赞美上方山,留下了众多的历史故事、名人逸事。

称谓沿革

上方山在汉代称"独鹿"。云水洞称神仙洞。

释自如纂《上方山志》卷之四"重修上方山文殊殿常明香灯记"载,"云水洞相传谓神仙洞"。

2005年7月4日,《人民日报》(海外版)《独鹿、鸣泽在哪里?》一文记载了上方山的古名。

《史记·孝武本纪》:"其明年上郊雍,通回中道,巡之。春至鸣泽,从西河还。"《汉书》:"(元封)四年……遂北出萧关,历独鹿、鸣泽,自代而还。"偌大的华北,司马迁、班固为什么仅仅写独鹿、鸣泽,看来自有奇异独特的地方,令汉武帝徘徊不忍去。独鹿、鸣泽在哪儿呢?

北魏郦道元《水经注·圣水》:"(洹水)又东,洛水注之,水上承鸣泽渚,渚方十五里。汉武帝元封四年,行幸鸣泽是也。服虔曰泽名,在逎县北界,则此泽矣。西则独树水注之。水出逎县北山,东入渚。北有甘泉水注之,水出良乡西山,东南经西乡城西,而南注鸣泽渚。"汉代的西乡城便是今日的北京房山区长沟镇。甘泉水即今天的北泉水河。今仍有地名北甘池、西甘池、南甘池应即是西汉鸣泽的湖泊所在地。鸣泽或当时泉水激荡发出琴声,所以为寻异好奇的汉武帝所留恋。

秦

始皇三十七年
（公元前 210 年）

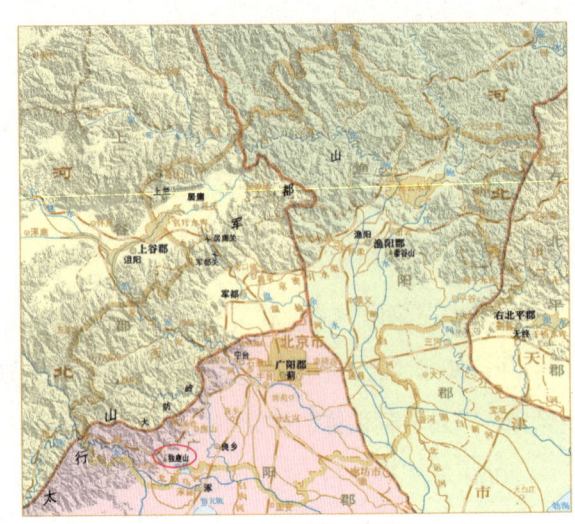

《北京历史地图集》上的独鹿山

侯仁之教授主编的《北京历史地图集》把独鹿山画在房山区上方山云水洞，这是不错的。上方山在房山区南部，是山麓和平原交会处。其南即鸣泽。山峦秀丽，古木参天，有云水洞、天柱峰等九洞十二峰。隋唐以来成为佛教圣地，修有七十二庵。云水洞是个石灰石大岩洞，深邃而奇特。山上云气往来，雾霭飘忽，古人以为灵气、紫气，乃仙人凌虚境地。加上林苍树老，青嶂翠壁或有汉武追寻的瑶草灵芝亦未可知。

上方山在辽金时称六聘山。

民国十七年《房山县志》卷之三载："康熙癸丑（1673）登上方山，见兜率寺十方院东，有金大安中忏悔上人坟塔，后十四年（1687）复游上方，于孤山口西麦田中有元延祐（1314—1320）间所树碑……称此地为六聘山天开寺下中院。又于甘池村北数里许访天开寺尚存,盖寺当日管业甚广。天开乃其下院,孤山口则下中院,兜率寺为上方,而名之曰六聘山天开寺。"

元代,始用上方山称谓。

民国十七年《房山县志》卷之三载:"在城西南四十里,魏必复天开中院碑阴记曰:天开古名刹在房山之麓,规制始于汉,历晋隋迄五季,盛于辽,废于金。至元十年(1273),应公禅师始来住持……至元二十七年(1290),世祖闻而嘉之,特赐圣旨护持。应公既示寂,遗教弟子赵显仁住持。元仁宗延祐三年(1316)二月特授圣旨:宗主大天开上方中院设济等寺,前后纶命。显仁刻之。延祐四年(1317)秋九月。"

幽燕古奥室

大房山系房山五大山脉之一。民国十七年《房山县志》载:"大房山,古名大防山。(《水经注》曰'大防'。隋图经《太平寰宇记》皆同。)自元改建房山县,大防之名遂息。其脉自塘上南豹儿水北之土花岭起,东南延至十渡北、庄户台南,山脉循拒马、圣水间稍折偏东至大峪岭北,霞岭南折而东北、西北带。圣水东南俯平原至城北之口头村即圣水出山之口而止,约二百里,皆大房山脉也。"大房山山水相依,峰峦叠嶂,植被茂盛,历史悠久,古迹毗连,历史文化内涵丰富。

汉武帝雄才大略，非常之人，但武帝信鬼神、痴迷长生。司马迁在《封禅书赞》说："（汉武帝）上华山，东行嵩山，封禅泰山，东行海上求神仙；元封四年出萧关，历独鹿、鸣泽而还。"上方山云水洞在汉代被称为"神仙洞"，所以，汉武帝登临独鹿。由于上方山云水洞的神奇，东汉又被佛家所青睐，华严慧晟禅师慕名而至，从此引来各方名流慕名登临上方山，上方山文化内涵得以不断积淀。明代起，深得历代文人墨客青睐，增添了上方山名胜风采。

康熙十二年（1673）二月，清代著名文人朱彝尊与侍郎刘芳躅等同游上方山，赋诗兜率寺，写下"幽燕古奥室，兜率居中岩"。《房山县志》载："旧志曰'幽燕奥室'。又曰'峻而且阔，望之明秀异常，宛然如室'。"

于是，"幽燕奥室"成为上方山的代名词。

朱彝尊一个"古"字，一语双关，既阐明了上方山云水洞的古老，也阐明了上方山佛教历史的久远。时过250年，民国名人陈兴亚在云梯脚下铭刻了"幽燕奥室"4个大字。文笔端庄坚实，遒劲刚健，夺人目光，令人肃然凝眉。

据陈兴亚《上方山游记》记载：壬申（1932）10月5日，陈兴亚一行6人开始房山之游。他们先坐火车至坨里火车站。6日游览孔水洞、王禅洞。7日出坨里，游丁家洼，至上方山，宿知客室。8日游上方山诸寺，于摘星坨由雇佣同行的石工镌刻"民国壬申重九陈兴亚登此"。9日游云水洞，选石东壁，由雇佣同行的石工镌刻"民国壬申，十月九日，海城陈兴亚来游"。10日游

陈兴亚题刻"幽燕奥室"

览云梯庵,登上方山绝顶。在最高石面镌刻"陈介乡民国廿一双十日"。11日,游南诸峰,在云梯庵北路西斜卧石上镌刻"民国壬申双十节、海城陈兴亚介卿、北镇肖桐羊碧岩、天津龚寯声湘石同游"。12日晨,在上方山云梯左、山神庙右选岩石崖壁,镌刻"幽燕奥室"四个楷书大字。13日,一行人游西域寺。

"幽燕奥室"向世人明示了上方山地理位置。幽,古地名,指幽州,其地域大致相当于今中国的河北省、辽宁省南部一带。这一地域,幽是幽州的简称。燕,旧指幽州即河北北部及辽宁部分地区,又指燕京,是历史上对北京地区的简称;燕,也指华北北部的燕山。幽燕,泛指河北北部及辽宁部分地区。奥,古时指房屋的西南角。"幽燕奥室"明示了上方山位于幽州的西南、河北北部及辽宁部分地区的西南、燕京的西南、燕山的西南。

"幽燕奥室"阐明了上方山历史悠久。周武王平殷,封召公奭于幽州,号燕。战国时,燕与其他六国并为七雄。秦始皇灭燕,沿燕建制。汉武帝设幽州刺史,主掌燕地诸郡国。魏晋以后,幽州辖境日渐缩小，至北魏时仅领燕、范阳、渔阳三郡。隋炀帝罢州置郡，改幽州为涿郡。

"幽燕奥室"昭示了上方山的佛教地位。室，世室。《周礼·考工记》："夏后氏世室，殷人重屋，周人明堂。世室，宗庙，帝王、诸侯祭祀祖宗的庙宇。"奥，主，主事。《老子·六十二章》："道者，万物之奥。"清初典籍载，上方山曾有庵寺120座，清光绪年间志书载72庵。兜率寺为诸庵总汇，属山中方丈禅寺。溥儒修《上方山志》载："上方山中茅庵七十二附于兜率寺，如附庸。""奥室"，或明示了上方山72庵附属于兜率寺的主从关系。

"幽燕奥室"明示了上方山景观特征。其一，"室"字的本义为"房屋"，如《诗经·小雅·斯干》："筑室百堵，西南其户。"奥，形容幽深、隐秘、深奥。上方山以72庵著名，且从山谷依山循岭至山顶，隐于高山12峰的山间密林中，座座殿堂寺院，若隐若现，独显深奥。特别是从山下仰视，乃云雾之中，难觅踪影。故称"幽燕奥室"。其二，《史记·封禅书》："嵩山有大室、少室。以山有石室，故名。"上方山有9洞，尤以云水洞享誉天下，有人也直称云水洞为"幽燕奥室"。溥儒修《上方山志》载20洞，9洞较为有名，云水洞最具盛名。云水洞洞洞相连，108处奇景广受赞誉。《上方山志》称赞其"立燕山千里之景，莫盖云水善也，岂幽都之所独钟秀于此哉？"多有名人骚客称云水洞"幽燕奥室"。

"幽燕奥室"表达了陈兴亚对上方山的一种敬意。室，房屋。《陋室铭》乃唐刘禹锡千古名作，陈兴亚不可能不晓："斯是陋室，惟吾德馨……"上方山汇集72庵，有几百僧众、法匠、大德潜心修行，又是何等意境！把众多殿堂寺院称为"室"当是一种赞赏。清代著名文人朱彝尊用"室"代言72庵，更能表示其对上方山佛教的敬仰。陈兴亚，是奉系军阀的要人。张作霖拥权北京，陈兴亚随行左右。1917年任京师宪兵司令，1919年晋级陆军少将。陈兴亚1926年任京师警察厅总监，1928年归东北任国民革命军东北边防军宪兵司令。"九一八"事变后，辞去宪兵司令，任北平绥靖公署参事，不久，即在北京闲居。看陈兴亚的人生轨迹，他一定对上方山72庵情有独钟。奥，深也，多也。"幽燕奥室"当是陈兴亚用对比之法，表达了对上方山的敬畏之意。"幽燕奥室"石刻是对上方山地貌特征的高度概括，堪称上方山的石刻佳品。

兜率寺

上方山自东汉兴佛，肇建寺庙，历代相续，或修旧，或扩建，或新辟，辽、金两代达到鼎盛，形成以兜率寺为中心的茅庵寺庙群。明代达到120座，清代称72庵。72庵以兜率寺为中心，建有山门、十方院、瑜伽院、天王殿、观音殿、文殊殿、地藏殿、普贤殿、药师殿等，形成了上方山寺庙布局。

兜率寺，上方山72庵之中心，上方山诸寺中修建最早的寺，据明代碑刻《重修兜率寺记》载,始建于隋朝。

兜率寺明代前为天开寺主寺,明代后为上方山主寺。

> 幽燕古奥室,兜率居中岩。
>
> 花宫七十二,下上东西嵌。

中国佛寺寺院建筑布局多为坐北朝南,沿南北中轴线修建若干建筑,一般顺序为:山门——弥勒殿(天王殿)——大雄宝殿——本寺主供佛(菩萨殿)——法堂——藏经楼。在中轴线的两侧还建有一些配殿,通常建有放生池、钟楼(东)、鼓楼(西)、伽蓝殿(东)、祖师殿(西)、客堂(待客室)、禅堂、斋堂、寝堂、西净(卫生间)等。

兜率寺背倚锦绣峰,位于上方山中心。清朝显亲王为兜率寺题匾曰:"云林胜景",果亲王为兜率寺题匾曰:"真实般若",宁

兜率寺

兜率寺大门匾额

郡王为兜率寺题匾曰:"毗卢顶上"。

兜率寺前为天王殿,殿内供奉四大天王。天王殿左侧原有钟楼,右侧原有鼓楼,现均已圮废。

正殿为大雄宝殿。大殿殿门两旁原有琉璃砖两方,左边琉璃砖上镌刻"清"字,右边琉璃砖上镌刻"规"字。

大殿内供奉释迦牟尼佛。后立香神花神各一尊。释迦牟尼佛前为四尊菩萨,左为药师菩萨、观音菩萨,右为弥勒菩萨、大势至菩萨。大殿两侧各立六尊罗汉。

殿东侧为香积厨,二进殿为斋堂。由斋堂左行,过斋堂,上台阶,为兜率天宫,额题"兜率天宫",为上方山寺藏经楼,清朝曾称为弥勒阁。兜率天宫旁为方丈室。沿兜率天宫左侧石阶拾级而上,为第二层平台,中间为钟楼。道光时,四川籍僧人在此撞钟,昼夜不停。钟楼两侧为禅室。

1984年5月,上方山兜率寺被公布为北京市第三批重点文物保护单位。

上方山殿寺

明代,上方山进入全盛时期,在仅为3.5平方公里的山顶沟壑中,"顶上为寺一百二十""花宫百二座,错落环朱垣",寺庵之多仅次于五台山,被誉为"千年佛家圣地,燕郊诸山之冠"。

药师殿 位于瓣香庵东南,已圮。自瓣香庵而东向南攀升,便达药师殿。药师殿坐东面西,原有影壁墙一道,正殿三间,南北配殿各三间,尚存四周围墙、正殿山墙及后墙、南北配殿殿基。药师殿内原奉有药师琉璃光佛,院内原有辽代的铜钟、铜磬各一件。北面隔壑是菩提庵。临药师殿西俯,瓣香庵殿顶、院落,历历在目。

舍利殿 诸殿庵中,舍利殿最引人瞩目。这座寺庙在清代极为风光,清顺治皇帝、雍正皇帝、乾隆皇帝先后赐匾。正殿五间,进深三间,东西配殿各三间,该殿中的壁画十分著名。壁画分布在寺庙南侧的五间画廊中,南壁绘山水人物11幅,第一间、第五间和第二间、第四间的窗扉下有山水画6幅,其中第三间的工

舍利殿工笔龙

笔龙非常著名。

这些壁画大多没有明确的纪年和署名,但从画法和其笔墨推测来看,其作画时间应不晚于明代晚期、清代中期,因此十分珍贵。

舍利殿始建年代尚没有见到记载。释自如纂《上方山志》没有记载舍利殿,而溥儒重修《上方山志》记载了舍利殿。南河总督麟庆道光二十五年(1845)游上方山,未见到舍利殿,清光绪十六年(1890)进行了重修,所以,兜率寺舍利殿始建时间应该在1845至1890年之间。

释自如纂《上方山志》载南河总督麟庆道光二十五年(1845)《游上方山记》,记载了上方山供奉的舍利子。麟庆在游记中写道:"入丈室,观舍利子,小如粟,白而晶莹,与磐山红紫者异。"《法苑珠林》认为,骨舍利为白色,发舍利为黑色,肉舍利为赤色。上方山供奉的舍利子"白而晶莹"。

在溥儒重修《上方山志》时,记述上方山的佛舍利供奉在舍

舍利殿

利殿中。"舍利殿,殿三楹,供舍利塔范。"

毗卢殿 在舍利殿西。出兜率寺西行过舍利殿,路右一峰突起,这就是上方山十二峰之一的毗卢峰。峰上有石径穿林而上,寻径而攀,山门在望,一寺悬于峰腰,这就是毗卢殿。毗卢殿背北面南,正殿三间,东西配殿各三间。正殿、山门保存完好,配殿已圮。毗卢殿临径高居,十分幽静,背寺远观,兜率在望,临壑在前,似不可测,塔院和西南诸寺淹没其间。过毗卢殿西行,路右侧峰岭内凹。

尊圣殿 为茅庵草寺,一间规制,坐东朝西,旁有夹殿各一间。内开一龛,供给孤独尊者,泥塑,已残。山门北向。背岭依峰,临崖面谷,极尽雄险之势。殿后有巨石如砥,颇似虎丘的千人石,可容数十人,游人坐在上边,欢声笑语会从对面的山岩上应和出来,这就是所谓的山鸣峪应,此石因此叫"应声石"。这是因为殿前为斗泉岩,岩虚受声,所以就造成了"空谷传响"的灵异。游人至此,可置酒小酌,远望前山,历历在目,甚至可以看到旱龙潭。山风拂面而爽,时见白云起于峰顶。

地藏殿 是上方山诸寺中规模宏敞的庵寺之一。位于永亨庵西,寺基高耸,悬绝如削,虽已圮毁,残垣断墙,仍十分可观。出永亨庵西望,一寺甚雄,碧瓦红墙,赫然在望,这就是地藏殿。拾级而上,山门北向。进山门,为一长方形空场,中有巨松一株,围2.66米,高20余米,老干拙枝苍古卓异。寺背西面东。寺门1间,两侧有角门,殿3间,两侧有夹殿,南北配殿各3间。两配殿东端,各衔夹殿1间。有跨居其北,有北殿3间。地藏殿东南的山场甚广,古松成林,极为壮观。边沿有环垣,临垣俯瞰,砌壁如削。

地藏殿在兜率寺西南诸庵中是最为宏伟的一座,绝非其他茅庵草寺可比。临寺东望,十方院、因果、福德、永亨诸庵淹没于苍林翠影之中,而兜率寺雄居于诸寺之上。早年地藏殿所奉为地藏菩萨,并藏有大量经卷。

观音殿 在兴隆庵北,规模如地藏殿。出兴隆庵,过槐树王,拾级而西,登上一平台,山场平广,二松并峙,其北一桥跨涧,过桥,迎面为山门,青砖石券,券额镌一"佛"字,门楣嵌一条石,题:"观音殿"。绝涧喧于寺前,苍岭卧于西南,举目西瞩,林麓苍茫,为诸寺中又一佳致。当年,观音殿内奉观音菩萨。有清顺治二年(1645)知房山县福唐张应召《上方山三圣庵置田供众碑》,院内有钟,钟上有"天启癸亥上方山三圣庵"悬挂的铭文,可见观音殿本名三圣庵。观音殿门外原来有石拱桥一座、石板桥一座，一上一下，均可通行。门前有古松两棵，高耸入云，为山中罕见。原有蜡梅一丛，这在北方是很少见的。门前曾立有清光绪十七年（1891）碑一方，记载了修云水洞等路径的经过。门旁的墙壁上，原有山水画一幅，为南宋著名画家龚开所画，足见此殿之古。龚开绘画师于二米，唯独用金碧勾勒有大李将军遗风。观音庵的背后为紫云崖。

进入明末清初，上方山渐入低谷。根据溥儒重修《上方山志》，上方山七十二庵为：崇宁庵、延寿洞、苹果园、大藏庵、大悲庵、本极庵、文殊殿、文殊阁、观音殿、西朝阳庵等。般若寺位于白带山阳，坐西面东，依山势层递而上。中路院落五进，殿凡六层。正门为天王殿，正中祀弥勒佛一尊，两侧列四大金刚。二层为毗卢殿，殿前院落宽阔，左鼓楼，右钟楼，中置牌楼，院中植劲松修竹。三层为大雄宝殿，殿内塑像极精细。四层为药师殿，殿内塑药王菩萨8尊及药师将官12尊。五层为弥陀殿，殿南侧依次为：玲庵、静业庵、大成庵、望海庵、西域庵、兴隆庵、瑞云庵、澹远庵、西方庵、弥陀庵、黄龙庵、华严庵、地藏庵、松棚庵、西向台、永慈庵、因果庵、福寿庵、胡公庵、十方院、福德庵、积德庵、势至庵、皈依庵、塔院庵、云花庵、送子庵、华严洞、东坡庵、药师殿、瓣香庵、东朝阳庵、圣贤庵、虹桥庵、菩提庵、普兴庵、新开庵、普贤庵、尊圣庵、斗泉庵、文殊洞、圣泉庵、狮子崖、广慈庵、九还洞、云居庵、法华庵、石佛殿、堂子庵、极乐崖、金刚洞、向阳庵、云梯庵、接待庵、普济寺、白牛洞、西方洞、背阴洞、观音洞、摘星坨、毗卢庵等。

上方山的庵,历史上,自接待庵至云水洞,矗立于林间山崖下,建筑各具风格,庵名各具特点。

云梯庵 为云梯上端出口,是一间楼阁式建筑,分上下两重,下重前后开敞,上重窗轩俱全。进云梯上端东向门,有北殿一间,乃云梯庵的正殿接引弥陀佛殿。上方山香火旺盛时期,云梯庵内住有僧人。有客前来,庵内僧人献茶迎接,客人出行,庵内僧人躬身相送。既是迎送礼节之责,更是上方山守护之责。

云梯庵

瓣香庵 为兜率寺山门内第一庵。背北面南,保存最为完整,正殿三间,东西配殿各三间。正殿内供奉玉皇大帝神像,左右二侍者,二侍者左右为四功曹,功曹左右为四将军。

红桥庵 过瓣香庵即是,与圣贤庵隔涧相峙,一条便桥横跨山涧连接两庵,该便桥即上方山诸桥之一的红桥。离圣贤庵过红桥便是红桥庵山门。红桥庵背北面南,正殿三间,山门东向,正对红桥。

斗泉庵 坐落于黄花岭悬崖下方,背北面南,凹于悬崖之内。

瓣香庵

有正殿一间，中有龛，曾供奉观音菩萨跨神兽抱膝而坐塑像。东西两壁绘华严慧晟禅师与毒龙斗法故事。后壁绘怪石，左为玉净瓶插柳枝，右绘《法华妙莲经》一部。正殿各有夹殿一间。又有东西配殿各二间。东配殿内侧一间为穿堂门，于此进庵。西配殿内侧一间亦为过门。西出过门，顺石阶转于庵前基下，内为一斗泉。

圣泉庵 依北山崖而建，坐北面南，北殿四间，两明两暗。中堂二间，设佛龛供佛；左右各一间，为僧居之处。圣泉庵居于峪口，观感别致，但由山石垒砌，无砖瓦，半为山寺半为崖，为

红桥庵

斗泉庵

诸寺中最寒酸的一类。圣泉庵内有清泉三眼,所以叫圣泉庵。圣泉庵背依狮子崖,狮子崖仰首瞰视,崖状雄浑若蹲狮。崖侧清代曾有云居庵,已圮。继续前行沿途有观音洞、文殊洞、白牛洞错列岫嶂之间,均为山僧禅居静修之所。观音洞位于象王峰阴的山岩之下,深六七丈,内有天然形成的观音石像。再上路益险,石阶层生,东北行里许至一斗泉。

法华庵 位于兜率寺东的一处台地上。背东面西,正殿三间,北配殿两间。庵内原有金贞元三年(1155)《金山院比丘尼了性幢》。山门南向,占地亩余,四周有古松、山树十余株。东倚青峰,西面、南面绝涧相环。西仰兜率寺,北邻退居庵,西南与下佛殿隔涧相望。入兜率寺山门过瓣香庵,翠影红墙,遥可望及。

大悲庵 位于云水洞口。始建于明代,寺庵原名向阳庵,康熙三十九年(1700)重修后改名大悲庵,庵有殿两重,西侧有跨院,后殿三间连接云水洞口,构成了庵与洞的和谐统一,形成一个整体。民国末,大悲庵倾圮,近年修复大悲庵,但未恢复后殿建筑,所以现在云水洞口是敞开的,游人进入大悲庵院落,

圣泉庵

法华庵

便可直接入洞。

钟楼 已圮,遗址无存。钟楼尚存。钟楼为凉亭状,内悬一铁钟,高 1.803 米,直径 1.065 米。钟为铁铸而成,龙钮,钟身上端饰莲花纹,下饰法轮垂流苏。

至清末,上方山诸寺大部已废,经民国战火,上方山七十二庵绝大部分被毁。进入 20 世纪 80 年代,仅存 16 庵,能开放游览者仅 8 庵,为接待庵、云梯庵、望海庵、大慈观音庵、圣泉庵等。

大悲庵

上方山碑刻

秦代"刻石"出现后,历朝历代便在地面立石作为永久性纪念物或标记,碑刻成为中国重要的历史文化现象。上方山亦留下众多碑式、板式、经幢和摩崖等刻石。其中,兜率寺大雄宝殿后壁镶刻的《佛说四十二章经》最为珍贵。

15 通《佛说四十二章经》石碑,碑身相接,从右至左依次排列,嵌于上方山兜率寺大雄宝殿后壁两侧。其中,第 1 至第 14 通石碑为冯保手书《佛说四十二章经》,第 15 通为刘效祖题跋。嵌于大殿后壁右侧的 8 通石碑,构成面宽 3.90 米、高 1.90 米的碑面;

嵌于大殿后壁左侧7通石碑，构成面宽3.77米、高1.90米的碑面。四周均镶嵌0.125米的石条（大殿后壁左侧石条0.07米），底部石条（碑担）距地面1.09米。冯保书《佛说四十二章经》，标题7个字，结尾8个字，正文3156个字。已经有41个字无法辨认。

15通石碑每通高1.90米，面宽各有尺寸。门右侧从右至左，第一通石碑宽0.50米，碑阳镌刻经文7列；第二通石碑宽0.63米，碑阳镌刻经文10列；第三通石碑宽0.48米，碑阳镌刻经文7列；第四通石碑宽0.48米，碑阳镌刻经文7列；第五通石碑宽0.438米，碑阳镌刻经文6列；第六通石碑宽0.385米，碑阳镌刻经文6列；第七通石碑宽0.48米，碑阳镌刻经文7列；第八通石碑宽0.40米，碑阳镌刻经文6列。门左侧从右至左，第九通石碑宽0.49米，碑阳镌刻经文7列；第十通石碑宽0.65米，碑阳镌刻经文10列；

《佛说四十二章经》石碑

第十一通石碑宽 0.43 米，碑阳镌刻经文 6 列；第十二通石碑宽 0.48 米，碑阳镌刻经文 7 列；第十三通石碑宽 0.48 米，碑阳镌刻经文 7 列；第十四通石碑宽 0.65 米，碑阳镌刻经文 10 列；第十五通石碑宽 0.49 米，碑阳镌刻跋文 8 列，且文字字体小一倍。

由于碑文历经 400 多年风雨，特别是历经多次兵荒马乱，有 4 通石碑出现断裂。其中，大殿后门右侧第三通于碑身右碑担上 0.92 米至碑身左碑担上 1.05 米处断裂；第五通于碑身右碑担上 0.70 米至碑身左碑担上 0.64 米处断裂；大殿后门左侧第十一通于碑身左碑担上 0.34 米至碑身左至右 0.20 米处、碑担 0 米处断裂一角；第十三通于碑身右碑担上 0.54 米至碑身左碑担上 0.71 米处断裂。

其他上方山重要碑刻名录如下：

北齐后主隆化元年（576）《百咏南禅师塔记》

北周大定二年（582）《明禅师塔记》

唐肃宗宝应二年（763）《掘崖篮和尚塔记》

辽大安己巳年（1089）《六聘山忏悔上人坟塔记》

辽正隆庚辰（1160）《遐龄益寿禅师塔记》

金大定二十年（1180）《崇公和尚塔铭》

明万历七年（1579）《天香修道禅师塔记》

明崇祯甲申（1644）《普济开山第一代孤山银师塔记》

康熙五十二年（1713）《道潜真禅师塔记》

清乾隆丁巳年（1737）《苍林岫师塔记》

清乾隆甲申年（1764）《穆然普德禅师塔记》

清乾隆丁卯年（1747）《水月禅师行实记》

金贞元三年（1155）《大兴府良乡县金山院比丘尼了性坟塔记》

金大定二十三年（1183）《中都报先寺尼德净灵塔记》

金大定十七年（1177）《燃身明禅师塔铭并序》

金至宁改元（1213）《中都竹林寺第十六代和尚塔铭》

辽天庆五年（1115）《六聘山逐月朔望常供记》

金正隆元年（1156）《当寺故禅人度公幢铭》

金正隆三年（1158）《比丘尼妙深经幢记》

金正隆三年（1158）《优婆夷□□经幢记》

明成化二年（1466）《重修上方山接引弥陀佛殿碑》

明弘治七年（1494）《重砌上方山兜率寺天梯路记》

明嘉靖十二年（1533）《重修上方山兜率寺塔记》

明嘉靖三十七年（1558）《重修兜率禅寺碑记》

明万历四年（1576）万历四年碑之一

明万历四年（1576）万历四年碑之二

明万历四年（1576）万历四年碑之三

清康熙三十九年（1700）《建立上方山云水洞大悲庵碑记》

清康熙六十一年（1722）《邰世贵舍地契碑》

清乾隆三年（1738）《上方山供众地亩碑记》

清乾隆二十一年（1756）《上建立供众斋僧碑记》

清乾隆二十二年（1757）《明贤圣修尊宿供众碑记》

清乾隆二十六年（1761）《上方山义田碑记》

清乾隆二十九年（1764）《药师堂上临济正宗传法宗派》

清乾隆二十九年（1764）《老米会施田碑记》

清乾隆四十年（1775）《华严米会碑》

清嘉庆四年（1799）《上方山施舍供众地亩碑记》

清嘉庆七年（1802）《京南大城县北辛张村古刹》

清嘉庆十八年（1813）嘉庆十八年碑

清道光二十七年（1847）《玉皇殿前常明海灯碑记》

清光绪十七年（1891）《重修上方山兜率寺舍利殿碑记》

清光绪二十年（1894）《重修斋堂碑文》

清光绪二十年（1894）《因果不昧碑》

中华民国二十四年（1935）《上方山云水洞展拓碑记》

上方山塔院

一些高僧圆寂后，将火化后的灵骨或遗物建塔藏之，这种塔称为墓塔。墓塔中用来埋藏高僧和寺院僧人灵骨的，亦称"灵骨塔"，大多建在佛寺后院或离佛寺不远处。

有古刹方有古塔，有古刹方有塔院。塔院与古塔，常常是一座寺院历史文化是否深厚的重要见证。

中国古寺庙初期受印度佛寺模式影响，一般以塔为中心，四周建有殿堂。晋唐以后，殿堂逐渐成为主要建筑，塔被移于寺外或另建塔院。佛塔后来虽失去了寺院中的主体地位，但仍然是佛教建筑中不可缺少的布局之一。

建塔是为了纪念，一般佛教僧侣圆寂后多立坟丘，名望较高的高僧大德或朝廷，或寺院，或弟子信众出资建塔。一代接一代地建造，塔就多起来，如同树林，故称塔林，是寺院历史兴衰发展的见证。

墓塔按建筑材料可分为木塔、砖石塔、金属塔、琉璃塔等，上方山的墓塔主要是砖石塔。塔一般由地宫、基座、塔身、塔刹组成，塔的平面以方形、八角形为多，也有六角形、十二角形、圆形等形状。塔身有实心、空心。

上方山的墓塔、僧墓主要分布三方区域：一是上方山塔林；二是钟楼、紫云岭下、善财峰下、云水洞等处；三是圣水峪村、

塔林

中院村、孤山口村。仅上方山山上，就存有僧塔、僧墓70余座。

以兜率寺为中心的上方山寺庙区，位于悬崖峻岭的沟壑区中，从山门到一斗泉，再到望海庵，就是这不足五百亩的区域，建有40余座寺、殿、庵、庙，依岭傍崖、鳞次栉比，坐落了拥有60余座僧塔、僧墓的上方山塔林，在华北当属墓塔最多的塔林。

上方山塔林包括南塔院和北塔院。南塔院也称功德林。塔林中有墓塔，也有僧坟。上方山建有墓塔70余座，在全国寺院中名列前茅，在华北当为塔林之最。

上方山自慧晟大师东汉开山传佛，从汉、晋开始，到中华人民共和国，建寺1900余年，历代高僧大德无以统计，但仅建有墓塔70余座，且塔林墓塔规格、用料差别很大。据塔碑铭文及《上方山志》等历史资料记载，上方山绝大多数墓塔，为归隐上方山圆寂的高僧墓塔。而上方山历代住持，虽贵为住持，但圆寂后立塔的很少。原因有三：一是朝代风俗有别；二是上方山山高路险，由山下运送建筑材料异常艰难，墓塔规格、用料不因高僧阶位高低，应该是弟子、信众募资能力有别；三是历次灭佛、限佛活动，朝代更替，自然灾害等，都会影响寺庙的兴衰。所以，墓塔结构有别、规模有别，有的塔葬，有的掘土堆坟。随着历史年代的久远，立塔者，一般有留存，掘土堆坟者，渐渐没入荒草。

上方山塔林中现存最高的塔是辽代忏悔上人塔。

此塔建于辽大安年间，在目前有文字记载的僧塔中，忏悔上人塔是上方山塔院中最古老的一座僧塔，也是规模最大的一座僧塔。该塔为六角形砖塔，通高11米。塔身前后有龛门（是放置塑像和祖宗灵牌的小阁。神龛大小规格不一，依祠庙厅堂宽狭和神的多少而定。大的神龛均有底座，上置龛，敞开式。祖宗龛无垂帘，有龛门），其他四面置假窗。上下两重檐（两层屋檐。《礼记·明堂位》："复庙重檐。"郑玄注："重檐，重承壁材也。"孔颖达疏引皇侃曰："谓就外檐下壁复安板檐，以避风雨之洒壁"），塔刹为莲

忏悔上人塔

花承宝珠。这座塔是辽代六聘山天开寺住持忏悔上人墓塔，塔身嵌有铭文《六聘山忏悔上人坟塔记》，记载了忏悔上人生平以及他在天开寺的修行弘法生涯。塔南侧有明嘉靖十二年（1533）碑，题"重修上方山兜率寺塔记"。碑中记载：嘉靖十一年（1532）春，明廷官员刘鉴捐银五十两、米一百石，修缮此塔，工程历时一年多，于翌年五月告竣。碑记称："盖闻上方古刹……乃华严祖师先由天开寺至此所立也。祖师已逝时，又立浮屠，以为藏□之区。"

上方山塔林中最精致的塔是浩如泉公和尚觉灵塔。

浩如泉公和尚觉灵塔是上方山仅见的 2 座汉白玉大理石塔之一，另一座倾圮。上方山不产汉白玉大理石，要想把汉白玉大理石运至上方山，是要花费一定资财的。浩如泉公和尚觉灵塔，乾隆二十四年（1759）立，塔高 2.5 米，塔身浮雕龛门，内镌刻铭文：

"圆寂伏魔堂上第一代浩如泉公和尚觉灵塔",大清乾隆二十四年五月立。该塔质地精良,工艺精美,虽历经 200 余年,仍光洁如新,是上方山目前见到的最为精美的墓塔。

上方山不产大理石,塔用大理石料,均取自大石窝。由大石窝运至接待庵,再由接待庵运至塔院颇费时日,需要登筏汉岭(原是乱石间山路)攀登云梯。运料之工,堪为艰难。

塔林是上方山近 2000 年佛教历史文化的重要遗存。

浩如泉公和尚觉灵塔

上方山大悲拳

大悲陀罗尼拳（简称大悲拳）乃佛门密宗拳术。大悲陀罗尼拳姿势优美而雍雅，动作轻灵又带有禅意，动作端庄圆如、娴熟大方。大悲拳是一套内外皆修、体用兼备的修持武功。密宗教法的传授又甚为严密，承传时必须由大师亲授给灌顶的弟子。所以早期这套大悲拳一直不公开宣教。

大悲拳公开宣教，始于上方山高僧奇云和尚（1904—1966）。奇云和尚是河北省保定市人，俗名史正刚，乳名金龄。幼年时读书习武，得名师薪传技艺，精通回汉弹腿、查拳、花拳、炮拳、洪拳、少林等多家拳术及各种长短软硬兵器。20岁，投入法源寺削发出家。20世纪30年代初，任上方山兜率寺住持。入佛门后，奇云和尚遍游名山宝刹，偶遇隐士高人授以无名神拳，示为筑基根本，后拜诵千手观音观世音菩萨广大圆满无碍大悲心陀罗尼经，敬观图像时，顿悟与隐士高人所授拳式融通，逐按像寻索拳式，发觉拳式姿势庄严，动作圆和，与大悲心陀罗尼经图像契合，其后更访娴武高僧，获悉佛门曾有大悲心陀罗尼拳失传已久，隐衲所授正乃大悲心陀罗尼拳也。奇云复融会各家拳术精华，征引印证，获神拳之精微奥妙，使其造诣益深。

民国二十六年（1937），由北京大兴县国术馆馆长李瑞呈著述，奇云和尚校正、用崔雅斋云庵照片，由北平市政府秘书史野（字矿庐）题写书名"大悲陀罗尼拳图说"，由中华书局印刷出版发行《大悲陀罗尼拳》图说一书，该书是现有文图记述中最早的武功图书。1963 年奇云和尚受北京武协邀请，曾在北京中山公园设场传授密宗大悲拳。

《奇云大悲拳》

奇云和尚弟子崔雅斋，1921 年初生，1940 年进庙，1943 年落发，1944 年在北京通教寺受戒。法名"觉钵"，法号"宏慈"。后又在北京正觉寺挂单。有缘结识奇云和尚，拜奇云和尚为师，修行武功，得师祖真传。20 世纪 50 年代曾经参加北京市僧众恭送释迦牟尼佛牙舍利出国展出等宗教佛事活动。20 世纪 50 年代后期被迫还俗，在北京地毯厂工作。奇云和尚在中山公园后海（河）前设场，传授密宗大悲陀罗尼拳（那时叫少林柔拳）文殊剑（柔剑）等武术传统套路时，弟子崔雅斋跟随师傅左右，并领剑练习。得师傅奇云和尚多种武术传统套路绝学。

崔雅斋弟子崔永明，系崔雅斋内侄。1980 年到北京市地毯毛纺一厂接姑姑崔雅斋的班，崔雅斋执意将大悲拳传授崔永明。从那时起，崔永明便跟随姑姑崔雅斋修学大悲陀罗尼拳、烟火棍、文殊剑、降魔杵、武侯刀等传统武术，深得大悲拳真谛。

古今名人与上方山

历史上佛教的兴衰存亡都与各朝代的佛教政策紧密相关。从史料记载看，从辽金到清朝，上方山各个历史时期佛教文化无不受当朝佛教政策影响，各代帝王都与上方山有着不同程度的交集。

海陵王与遐龄益寿禅师

海陵王画像

金朝第四代皇帝完颜亮(谥号海陵炀王)欲把朝廷迁往燕京(北京),他派人从燕京取了莲花的种和苗,拿到黑龙江阿城种植。为了使大家相信他的诚意,金天德三年(1151),完颜亮三次下诏,宣上方山86岁的天空禅悦禅师入上京。

释自如纂《上方山志·遐龄益寿禅师塔》记载:"上闻其德,下诏,师辞。连诏者三,遂应诏入都。上甚悦之。钦师戒行,就宫供养。遂开阐《护国仁王般若尊经》。九旬克备辞归。"天空禅悦禅师赴任,海陵王非常高兴。钦命禅悦禅师为师,在宫中供养。天空禅悦禅师奉诏在上京开坛讲授《护国仁王般若尊经》等。

4年后,90高龄的天空禅悦禅师辞归上方山。

完颜亮赐天空禅悦禅师"遐龄益寿禅师"的封号,还赋赐七言古诗赞其高行:

古人修隐上游访,涉水登山步林莽。

禅衣露湿烟霞明,柱杖横拖风月爽。

餐霞服气度春秋，白云秋水空悠悠。
有时危坐入禅定，不关名利轻王侯。

汤汤逝水尽流东，尘寰万虑皆为空。
识得浮生这四景，百般伎俩总销融。
顿息尘缘坐来静，劈破鸿濛见真性。
常生不死度流年，万古高风起人敬。

这首诗高度赞扬了遐龄益寿禅师的禅修历练、功德和大师品格风范："有时危坐入禅定，不关名利轻王侯。"

金正隆五年（1160），97岁高龄的天空禅悦禅师圆寂于上方山，海陵王赐银300两，为之建塔。

一位帝王钦赐一位僧人112言，特别是公认为性情暴虐的海陵王如此评价赞誉一位90岁的高僧，让读者足以感知到遐龄益寿禅师在金朝朝廷中的地位和金朝朝廷对佛教的态度，以及遐龄益寿禅师的德高望重。

忽必烈与应公禅师

元朝以藏传佛教为国教。从八思巴开端，历朝都以喇嘛为帝师。帝师不只是藏传佛教和西藏地方的领袖，而且也是全国佛教的首脑。元朝对其他宗教，如汉传佛教、儒教、道教，乃至外来的回教、基督教等都不排斥,取宽容态度。

金元之际,天开寺惨遭兵祸,寺院倾圮,僧人四散。元世祖至元十年(1273),应公禅师从檀那比丘众僧之请,驻锡上方山,住持天开寺。应公禅师历经几年,重建天开寺。后"次建栗园寺,次建皇台东西两寺,次建涿州设济寺,规模庄严,拟于天开",恢复了上方山佛教昔日的辉煌。

民国十七年(1928)《房山县志》卷之三"古迹·中院村之中院寺"载:"至元十年(1273),应公禅师始来住持……至元二十七年(1290),世祖(忽必烈)闻而嘉之,特赐圣旨。应公禅师得到忽必烈嘉奖。护持应公既示寂,遗教弟子赵显仁住持。延祐三年(1316)三月二日(元仁宗)授圣旨:宗主大天开上方中院设济等寺。前后纶命。显仁刻之。"敕封赵显仁宗主上方山等寺。一座寺庙前后两次得皇帝赐诏,皇封天开上方中院宗主,既可见上方山佛教在元朝的地位,也可见元朝对于佛教的态度。

忽必烈画像

朱棣与道衍禅师

明建文元年（1399），朱棣以僧人道衍（1335—1418）为谋主，发动"靖难之变"。经四年战争，夺取帝位，是为明成祖。成祖即位后，论功道衍为第一，乃复其姚姓，赐名广孝。道衍在上方山山南选址太湖，修建华严寺。后辞归山林，隐于太湖之华严寺。兜率寺与太湖华严寺隔北石沟小溪相望，道衍和尚经常往来于太湖华严寺与兜率寺。

次第华严祖庭，太湖华严寺庄严巍峨，白云山华严寺、凤凰山华严寺先后复修重修，与之相望，以上方山华严祖庭为中心，形成了颇具规模的华严道场。

道衍圆寂后，明成祖"哀悼不胜，辍朝二日"，文武百官吊唁者"肩摩接踵，填郭塞街。虽武夫悍卒，闾巷夫妇莫不赞叹嗟咨，瞻拜敬礼"。明成祖特晋封荣禄大夫勋柱国，追封荣国公，谥号恭靖，加赠少师，并亲自撰写御制推忠报国协谋宣力文臣特进荣禄大夫上柱国荣国公姚广孝神道碑文，又拨专银在房山常乐寺村东择地，为姚广孝建八角九级密檐式墓塔一座。

墓塔须弥座上砌有3层莲花，柱身正面嵌铭："太子少师赠荣国恭靖公姚广孝塔。"其他各面设假门或假窗。檐部各角悬铜铃，宝珠用生铁铸成。塔高33米，高耸清秀。塔前树立螭首龟趺神道御制碑一座，碑首题"明成祖御制姚少师神道碑"。明永乐十六年（1418）成祖皇帝撰文，至宣德元年（1426）五月方刻成碑。

清朝皇帝与上方山

满洲贵族爱新觉罗氏替代明王朝入主中原后，继承明朝僧官旧制，在京设僧录司，各府、州、县各设僧官，将全国佛教严密地控制在僧官手中。

康熙皇帝两次御驾上方山。

溥儒修《上方山志》卷一载：康熙皇帝曾经两次游览上方山。第一次是康熙十二年（1673）登临上方山，第二次是康熙二十六年（1687）登临上方山。志载："康熙癸丑（1673）登上方山，见兜率寺南十方院东，有金大安中忏悔上人坟塔，后十四年（1687）复游上方，于孤山口西麦田中，见有元延祐间所树碑，集贤学士魏必复所撰，称此地为六聘山天开寺下

清康熙帝画像

中院。又于甘池村北数里访天开寺，尚存。盖当日寺僧管业其地甚广。天开乃其下院，孤山则下中院。兜率寺为上方，而总名之约六聘山。"

顺治皇帝（1644—1661）钦赐上方山文殊殿匾曰"别有洞天"。雍正皇帝（1722—1735）钦赐文殊殿"福"字，乾隆皇帝（1736—1795）钦赐文殊殿匾曰"慧海慈航"。

款龙桥，位于上方山兜率寺山门前，修建于康熙年间。当时上方山有一恶僧，喝酒吃肉，毁坏山林，无人敢管。兜率寺和尚真伦不惧恶僧，将恶僧上告官府。恶僧得到惩办，康熙帝赐封真伦和尚为五品、上方山住持。真伦接旨的地方立"款龙桥"碑。款龙桥的"款"字是独有的创意文字，是独特的中国帝王文化重要见证之一。

款龙桥碑

太监冯保与上方山

冯保（1543—1583），明朝大太监，位高权重，与上方山结缘。明朝众太监，纷纷捐资修筑云梯、兜率寺，赠《大藏经》等，推进了上方山佛教香火的兴旺。冯保是其中施赠最多的一位。

明永乐年间（1368—1398），内官临太监向福善资助上方山。僧人然义修缮了上方山云梯，并在云梯之上创建了云梯庵。明孝宗弘治六年（1493）正月，御用监太监王瑞奉旨到房山云居寺、上方山等寺院布施。见到上方山"天梯"（即"云梯"）崎岖陡峻，攀行艰难，联络宫中太监募资重修云梯，四月初开工，十一月

明太监冯保画像

初告竣。明世宗嘉靖三十五年（1556），司礼监太监李中轩修缮兜率寺，在寺中增建了天王殿、伽蓝祖师殿、弥勒阁。明神宗万历四年（1576），明太监冯保施财，第三次修缮云梯。同时还修缮了云梯庵、静夜堂，创建了永亨庵，于上方山下的孤山口村创建了规模宏大的普济寺。翌年（1577），冯保又自书《四十二章经》，

雕刻于石碑之上，嵌于兜率寺主殿后壁。万历末，惜薪司太监李志义重建文殊殿。

冯保，深州人。明嘉靖（1522—1566）中，为司礼秉笔太监。隆庆元年（1567）提督东厂兼掌御马监事。时司礼掌印缺，冯保以次得之。遂集重权于一身：钦差总督东厂官校办事兼掌御用司礼监太监。释自如纂《上方山志》载麟庆的《游上方山记》记载："殿后壁刻《佛说四十二章经》，明太监冯保书，笔力遒整。"镌刻在大雄宝殿后壁。

冯保能把《佛说四十二章经》镌刻在大雄宝殿后壁，冯保又是何许人也？能有如此大的影响力？

明朝太监分为十二监、四司、八局，共24衙门。这实际上是"内府"，就是宫内的小政府。其中以司礼监的权力最大，其职责是代皇帝批阅奏章、传达皇帝谕旨。司礼监设掌印太监一员，俗称"内相"。冯保在万历做皇太子时，就照料他读书，万历登基后，冯保任司礼监掌印太监，朝夕在乾清宫照顾小皇帝的起居。冯保在嘉靖、隆庆、万历三朝中，先后担任司礼监秉笔太监、提督东厂太监和司礼监掌印太监，又与万历皇帝的关系非同寻常，地位在朝廷中举足轻重。冯保在上方山石刻上刻下的《佛说四十二章经》，成为冯保当年位高权重的一个重要佐证。

冯保是明代一个颇有争议的太监政治家。起先因书法出众受到明世宗赏识,当上秉笔太监,隆庆元年(1567)提督东厂、御马监。冯保主动联手首辅张居正，推行"考成法""一条鞭法"改革，开创了万历新政的新局面。万历六年(1578)，冯保在《清明上河图》

上题跋，自署官称"钦差总督东厂官校办事兼掌御用司礼监太监"，兼总内外，权倾一时。冯保在司礼监任上刻了许多书，如纂《启蒙集》《四书》《书经》《通鉴直解》《帝鉴图说》《经书音释》等。冯保书法颇佳，通乐理、擅弹琴，并造了不少琴，"世人咸宝爱之"。张居正评价冯保："勤诚敏练，早受知于肃祖，（世宗）常听为'大写字'而不名。"

正是因为冯保有权有位，所以能为上方山慷慨施赠。

冯保为上方山留下了《佛说四十二章经》之宝贵文化遗产。冯保上方山手书真迹《佛说四十二章经》，也为人留下了难得的冯保书法真迹，展示了一代"秉笔太监"深厚的书法功力。

冯保在上方山留下的珍贵墨迹是其目前可见的唯一的手书真迹，弥足珍贵。

清亲王、郡王与上方山

作为京畿佛教名胜，康熙皇帝两次游览上方山。清朝皇帝御赐皇匾，达官贵人自然接踵而至，顶礼膜拜。乾隆版《上方山志》卷之四载，当时即有11位亲王、郡王莅临上方山，为上方山恩赐匾额。

其中，显亲王恩赐兜率寺匾曰：云林胜景。

果亲王恩赐兜率寺匾曰：真实般若。

宁郡王恩赐兜率寺匾曰：毗卢顶上。

庄亲王恩赐淡远庵匾曰：大甘露门。

显亲王恩赐文殊殿匾曰：珠藏金乘。

和硕宝亲王恩赐观音阁匾曰：步慈云。

宁郡王恩赐文殊殿匾曰：清音。

对曰："水能性淡皆为友，竹解心虚即可师。"

显亲王恩赐摘星坨匾曰：空中见佛。又匾曰：凌霄。

宁郡王恩赐兴隆庵匾曰：叆叇盈虚。

对曰："悬崖置屋千寻上，飞阁垂梯一径通。"

显亲王恩赐观音殿福字。

老懿亲王恩赐观音殿福字。

清朝廷的王宫贵臣不但为上方山题匾赐福，还吟诗注文，多加赞许，对上方山产生了重要的推动作用。慎靖郡王、恭忠亲王等，在上方山留下多首诗作。

游上方山

[清] 慎靖郡王

鸦飞红树报秋晴，人在荆关画里行。

半日闲为尘外客，十年心契此山名。

蜂巢僧舍围岩住，螺髻云梯垒石成。

绝顶茅庵游不到，天风吹下转经声。

接待庵禅房偶作

[清]恭忠亲王

之一

地角天涯外,掩门深竹斋。
岸沙从鹤印,石路有云埋。
雨引苔侵壁,池分水夹阶。
海棠花谢也,谁见此时怀。

之二

洞门高阁霭余晖,鹤拂烟霄老惯飞。
雅兴共寻方外乐,悠然便觉世情非。
闲行古寺销晴日,独上云梯入翠微。
欲问神仙在何处,风吹清磬露霏霏。

溥儒《上方山志》载恭亲王、肃亲王书题洞景

兜率禅林即事

[清]恭忠亲王

楼台深锁洞中天,便欲烧丹从列仙。
小院回廊春寂寂,古碑无字草芊芊。
松排山面千重翠,云起炉峰一炷烟。
月在上方诸品静,东风沈醉百花前。

游华严洞望天柱峰

[清]恭忠亲王

列峰若攒指,一峰独凌天。

翠微悬宿雨,高顶出云烟。

如烟复如黛,盘折通岩巅。

云迷入洞处,上头应有仙。

直取菩提路,春色驻芝田。

山下望山上,群羊化石眠。

退居庵与老衲瑞云谈禅

[清]恭忠亲王

自注,据云,昔年曾住持方丈,厌寺中尘务纷扰,因退居庵内习静。谈及出纳导气诸法,颇近禅理。今以八十有六,精神强固,如壮年。

地奇人境别,松柏乱岩口。

遥遥烟景熏,冥冥知春否。

旧隐白云峰,相看指杨柳。

即此羡闲逸,万事付杯酒。

门设昼常关,春芳来已久。

使人心怅然,玩景方搔首。

栖迟观自在,因而访幽叟。

霜毫一道人,森如达仙薮。

黄精且养蒙,白发偏添寿。

松帚埽山床,谈道弥空有。

徐步返山庄,低昂看北斗。

礼佛佛无言,斜月光穿牖。

正是清朝廷对上方山的钟情，推进了上方山清朝前期佛教的兴盛。

清廷的皇亲国戚和重臣，把上方山旅游推到了一个新时期。

邓拓关注上方山

邓拓（1912—1966），原名邓子健，笔名马南邨（cūn）等。中国新闻家，政论家。中华人民共和国成立后，曾任《人民日报》总编辑、社长，中科院科学部委员，中共北京市委副书记兼《前线》杂志主编，中华全国新闻工作者协会主席等职。1960年其兼任华北局书记处候补书记，并主编理论刊物《前线》。1961年3月，开始以"马南邨"为笔名在《北京晚报》(副刊)《五色土》开设《燕山夜话》专栏，共发稿153篇，受到读者喜欢。

在《燕山夜话》专栏《保护文物》一文中，介绍了上方山云水洞，特别介绍了明代几位著名学者关于上方山的记载，对上方山的文物保护和旅游开发提出了重要见解。

最近有几位同志谈起北京郊区大房山的古迹，大家都觉

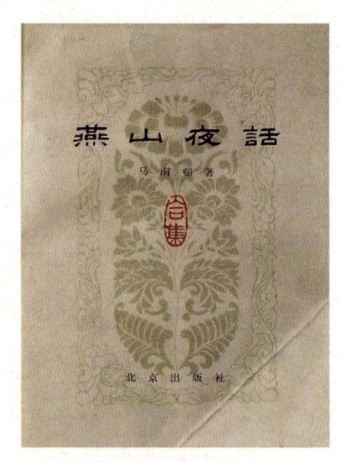

邓拓撰《燕山夜话》

邓拓塑像

得这是非常重要的文物区,它的历史价值仅次于周口店的旧石器时代遗址。在这里,集中了隋、唐、辽、金几个朝代的石经和其他遗物。只因它远离北京城区,所以没有引起人们的充分注意。其实,这里的名胜古迹十分优美。例如,在上方山,有一座钟乳石的溶洞,名叫"云水洞"。它是地质构造中典型的"喀斯特"现象。许多人认为它比广西桂林的"七星岩"绝不逊色。然而,有人宁愿跋涉千里去七星岩游览,却不知道在自己城市附近就有像云水洞这样的去处,这岂不是怪事吗?如果打开明代刘侗、于奕正的《帝京景物略》,人们就可以看到关于云水洞的一段描写:"秉炬帚杖,队而进洞。洞门高丈,入数十丈……过一天地,入一天地矣。左壁闻响,如人间水声。炬之,水也。声潭底,不知其归。又入,有黄龙、白龙盘水畔,爪怒张。导者曰:乳石也。焠炬其上,杖之而石声。乃前,扬炬,望钟楼、鼓楼,栏栋檐脊然。各取石左右击,各得钟声、鼓声、磬声、木鱼声……"本来下面还有许多文字,是描写云水洞中由钟乳石形成的石塔、雪山等各种奇妙景致的,我想不必抄录全文了。同时,这部书上关于石经山等处许多名胜古迹的介绍,大家如能详细一读,也一定会引起很大的兴趣。明代还有几个著名的学者,都曾到过房山,写了文章,如徐文长的《上房山记》、袁宏道的《游小西天记》、曹学佺的《游房山记》,都异口同声地称赞这里的名胜古迹和自然景色。清代以后的文字记载更多,用不着一一

上方山邓拓居住过的房间

介绍了。可惜的是，上方山的道路没有修理，云水洞等处更加处处失修了。这些地方现在所以不如七星岩等处知名，恐怕原因也就在此。但是，只要稍加修整，这几处都不难很快地繁荣起来。

……

多少年来，这里所有的珍贵文物，不知遭受了帝国主义强盗、汉奸卖国贼、军阀、官僚、奸商等等的多少摧残和破坏。如今剩下的这些，更加值得我们予以保护。希望首都各方面关心祖国文化遗产的人们，都来认真执行国务院的规定，进一步注意保护这些文物吧！

1958年，上方山移交北京市公安局造林大队管理。"文化大革命"前，邓拓曾经在上方山兜率寺后的平房里小住。正是通过对上方山的深入考察，邓拓写出了关于上方山文物保护的文章，对上方山的发展提出了呼吁。

2017年3月19日，邓拓女儿邓小岚到上方山考察。74岁高龄的邓小岚，信步登上上方山，走进父亲居住过的小屋，体验父亲小住上方山的心情。

赵朴初题名云水洞

赵朴初（1907—2000），中国社会活动家、宗教领袖、诗人、书法家、佛教居士，以及第一至第五届全国人大代表，第一、二、三届全国政协委员，第四、五届全国政协常务委员。

赵朴初先生对房山佛教文化高度关注，从1956年开始，对房山石经进行全面发掘整理。"文化大革命"十年间庙产被没收，僧人被遣散，佛像、文物、经籍被损毁，满目疮痍，百废待兴。1978年中共十一届三中全会以后，宗教界拨乱反正工作任务尤其繁重。身负国家佛教协会主席重任的赵朴初先生，亲自到各地调查研究，具体指导贯彻落实宗教政策，向中央和地方各级领导部门反映情况、提出要求、协调关系，坚决反对和纠正"左"的错误，维护佛教界的正当权益，保护佛教名刹和佛教文化。

1980年5月，上方山正式向游人开放。赵朴初老先生挥笔为云水洞题写洞名"云水洞"。

赵朴初先生把"书法当成一门学问，一种科学"。博学各家法帖，撷诸家之精粹，融会贯通，铸就赵朴初先生书法风格。起笔、收笔，笔笔认真严谨，起笔藏锋，行笔中锋，笔有力度。"云水洞"三字从开笔到收笔都进入佛教禅理之境界，平和之气韵，布局气度大方自然，风格统篇一致。"云水洞"三字是赵朴初先生佳品之一。

游在上方山

在我国历史上,旅游名称很多,且不同人出游有不同的称呼。如皇帝外出巡视、巡狩称"巡游",或称"巡幸";官宦吏使走马上任,探亲访友,称"宦游"。诗人墨客寻古探幽,无拘无束,随意出游,称"漫游";和尚道士外游求法,称为"云游"。另外还有遨游、壮游、冶游、周游、宸游、仙游、神游、夜游等派生的名称。二千多年来,独鹿的神仙洞、东汉的华严洞、隋唐的兜率寺……丰富的佛教、地质、生态文化,使上方山享誉四方。皇帝、朝廷重臣、皇亲国戚、文人墨客接踵而至,上方山成为房山旅游的先驱。

神仙洞

秦汉时期，上方山云水洞称"神仙洞"。云水洞景观，主要由钟乳石构成。

钟乳石又称石钟乳，是洞穴内碳酸盐在漫长地质历史中和特定地质条件下形成的石鼓、石幔、石笋、石柱等不同形态碳酸钙沉淀物的总称。

上方山云水洞中的钟乳石在没有受到外界干扰时，主要是洁白无瑕、玲珑剔透的钟乳石，构成一个光彩夺目、绚丽多彩的天下奇观。

原始的云水洞，虽然缺少第一手的文献记载，但每一个新开掘石灰岩洞的钟乳石，都会告诉世人原始的云水洞的美丽。云水洞也就当之无愧为神仙居住的神仙洞。

战国时期，仙人概念开始形成，出现了关于神仙的传说、知识和信仰，并融入中国古人的社会理想和人生愿望之中。神仙信仰主要追求个体生命的长生不老。秦和西汉时期的神仙思想主要体现在司马迁《史记》和班固《汉书》中。就祭祀制度和神仙观念而言，《汉书·郊祀志》也继承了《史记·封禅书》的基本观点。《封禅书》和《郊祀志》全都是对帝王祭祀、求仙、封禅、祝诅的记载。《史记》《汉书》中所记的新增仙人，无一出自帝王，全部出自方士。民间方士掌握寻仙的话语权，不断描绘神仙世界的美好，向世人"透露"有哪位神仙新成员，到哪里可以找到长生药，从而推动求仙运动持续进行。秦皇、汉武都曾经大规模求仙。

《汉书》中汉武帝于（元封）四年，北出萧关，历独鹿、鸣泽，自代而还。汉武帝到独鹿做什么，当然是求仙。到哪里求仙，当然是上方山云水洞。在西汉时，今华北地区，只有上方山云水洞具备"神仙"居住的条件。汉武帝到云水洞求仙，也就在"历独鹿、鸣泽"的情理之中了。

明朝游客

朱棣对僧人道衍的重用，使朝廷上下对于佛教信仰，自然有所偏护。明代上方山佛教香火达到鼎盛时期，名人骚客接踵而至。

徐渭（1521—1593），初字文清，改字文长，号天池山人等，明代杰出书画家、文学家，山阴（今浙江省绍兴）人。明万历初年（1573—1620）寓居北京，曾游览上方山，著有《上方山记》和《云水洞记》，是现有文献记载的第

明徐渭画像

一个较详细记述云水洞的人。

明刘侗、于奕正同撰《帝京景物略》。刘侗，字同人，麻城人。崇祯甲戌进士，官吴县知县。于奕正，字司直，宛平人。崇祯中诸生。于奕正负责搜集资料，由刘侗排纂成文。书中载有"上方山""云水洞"，是现有文献记载在历史地理类著作中最早的专题记述。

明神宗万历二十七年（1599），明代诗文家曹学佺游历上方山，赋诗《上方山路》（4首）《上方寺》《斗泉寺》《云水洞》（4首），撰《游上方山记》。

明代礼部侍郎孙慎行游览上方山，赋诗《上方山》《朝阳洞》。礼部主事郑振先游览上方山，赋诗《上方山》。宋希诚、李廷幹游上方山，赋诗《一斗泉》，石刻在上方山一斗泉："一斗清澌出自然，红尘不染日涓涓，流来净土钟灵秀，造化生生不记年。"兵部主事唐顺之游览上方山，赋诗《普济寺同孟中丞作》。袁宗道游览上方山，撰《上方山四记》，纳入21世纪高考阅读课文内容。

清朝游客

清廷的皇亲国戚和重臣推动了上方山旅游进入新时期。

清慎靖郡王游览上方山，赋诗《游上方山》。

清宁良亲王游览上方山，赋诗《题上方兴隆庵》。

清麟庆画像

道光二十五年（1845）八月，上方山裕泉上人邀请南河总督麟庆游览上方山。

清朱彝尊游览上方山，赋诗《怀上方山》二首、《冬日陪徐副相姜著作游大房山出郊雨雪马上作》《入上方山》《一斗泉》《兜率寺》《望摘星坨》《中院》等。

清光绪二十七年（1901），上方山迎来了有史以来的第一位外国游客，这就是平汉铁路局法籍工程师普意雅。这可视为房山境内接待外国游客之开端。

清光绪三十二年（1906），京汉铁路落成，改变了到上方山旅游行路难的状况。民国的建立推动上方山开始了现代意义上的旅游，当时的旅游接待工作完全是由山上的僧人完成的。旅游预订、游客接送、住宿接待、全山导游包括进洞用的火把都是由僧人提供的。当时的旅游预订是通过信函方式来进行的，而游客接送则是通过僧人自备的驴和四人轿来完成的。上方山的僧人利用上方山得天独厚的旅游资源，适应民国旅游畅兴的形势，以京汉铁路开通为契机，经营旅游，形成了交通、接待、食宿、导游一条龙服务，极大地促进了民国时期上方山旅游事业的发展。

民国游客

民国以来，蒋维乔、李书华、陈兴亚、普意雅、尹赞勋等人探询上方山，著有上方山游记。

1931年前后，上方山每年接待游人达到数百人。

1936年冬，开通了自瓦井至上方山的汽车路，游人可以乘汽车直达上方山下的圣水峪。上方山旅游进一步兴旺起来，游人大增，汽车路开通的当年，旺季的四五月份，接待游人就达二百余人，这在当年已经十分可观。

1937年7月，上方山的第一部旅游读物《房山游记汇编》出版。

居士、佛教学者高鹤年著《名山游访记》，记述游上方山足迹：

民三（1924）甲寅春，抵北京，旧地重游。寓砖塔胡同关帝庙青一上人处。青老云：近来学者，朝则信而行，暮则懈而止，如是行道，安能有成？世人不知无常老病，不与人期。石火电光，刹那变灭，光阴迅速，转息即是来生。泉路茫茫，三途易堕，竟不赶紧修持。可叹已极。

三月初六日，往上方山，正阳门外乘车，四十里琉璃河下车，十五里上方山。房山县属，孤山口五里，中院村五里。接待庵当家引导上山，五里岭口，风景极佳。

云梯庵左有飞瀑挂壁。至兜率寺，住持遍如师谈及山中道风衰落，不胜感慨。

初七日，二师同往云水洞，洞边有庵。用火把引进，洞门甚小，入内复大。洞中有百零八景，天下奇观也。有卧虎山、芍药花儿山、枣儿栗子山、菊花山、石鼓、石钟、石观音菩萨坐莲台、石塔、十八罗汉像、八仙过海像。第三重关，翻身入内，空穴极大。上看半阴半晴，八宝莲池等景，种种奇观。内有小洞，深不可测，阴气难受，即出洞，饭毕回寺。

初八日，下午往华严洞，即开山华严祖师。唐宋时高人最多，今住一僧，名一山。师谈及世态无常，若在梦中，利薮名场，埋没俊杰，爱河苦海，丧尽英雄。谁能学铁汉炼金刚，看破虚花梦一场。一师道念坚固，戒律精严，老道友也。

初九日，往一斗泉，住羽师二人。经旱龙潭游吕祖阁，天井有翠柏一株，围近丈许，高插云表。昔日住此月余，今阒无人矣。古有七十二庵，今圮塌大半，皆无人住。山中柏树满谷，上列奇峰，若飞若走，必须微细观看，方见其妙。

游览道路

溥儒修《上方山志》记载了中华人民共和国成立前通往上方山的主要道路状况。北京、房山、良乡通往上方山道路分两种：一是京汉铁路修通前，一是京汉铁路修通后。京汉铁路修通前，北京到上方山的道路线路是：北京→良乡县→马各庄→房山县→大韩继→瓦井→周各庄→孤山口→下中院→上中院→接待庵→兜率寺。保定、涿州等地到上方山的线路是：琉璃河→李庄→东营→赵各庄→西营→天开（一条是姚各庄）→孤山口→下中院→上中院→接待庵→兜率寺。京汉铁路修通后，北京、保定的游人、香客可以乘火车，或从良乡下车，沿良乡县→马各庄→房山县线路到上方山，或从窦店下车，沿窦店→房山县→大韩继线路到上方山，或从琉璃河下火车，沿琉璃河→李庄→东营→赵各庄线路到上方山。

良乡至上方山的路在平原地区是马路，从瓦井到上方山的山区路段主要是驮运路，只能走行人和牲口。1933年国民革命军五十三军军长万福麟拨银征捐修筑琉璃河至上方山游览专用路。1936年冬，开通了自瓦井至上方山的汽车路，游人可以乘汽车直达上方山下的圣水峪。

中华人民共和国成立后，公路建设不断加强。1976年周张

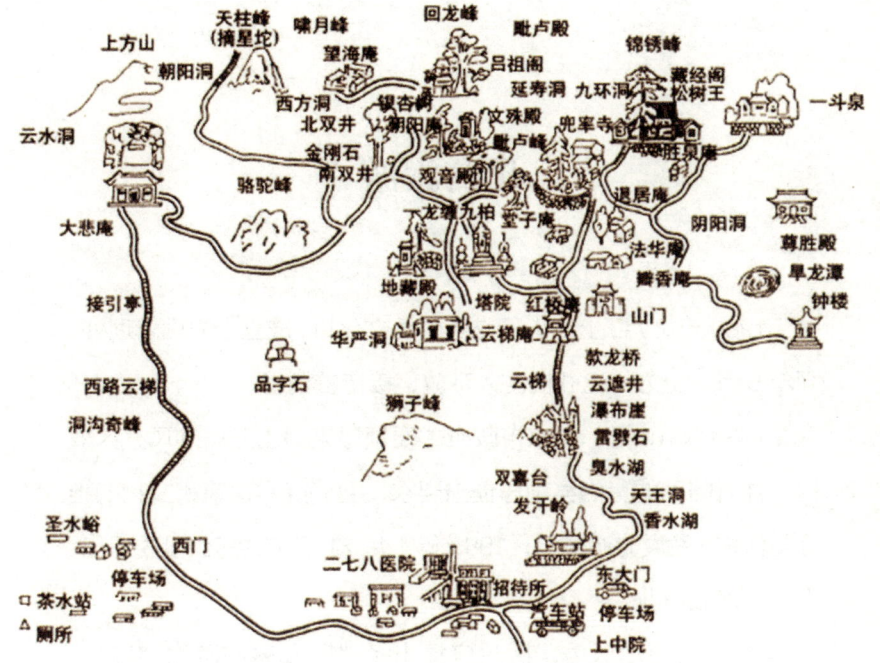

上方山游览图

公路竣工。周张公路东起周口店村,西南经娄子水、拴马庄、孤山口、下中院、三岔、下庄、蔡家口、北白岱,至张坊镇西龙安大桥和京易路相接。周张路实现了上方山与多条公里的连接。

接待庵通往兜率寺、云水洞道路。云梯修通前,通往上方山的第一条路是从接待庵右侧山梁向上攀爬,沿东山山道到云梯上方,踏入款龙桥,进入兜率寺,进入云水洞。第二条路是由兜率寺,翻过山梁,到达来利水村,再到黄山店村。云梯修好后,成为从接待庵到兜率寺、云水洞往返的主要道路。

1990年开辟西路后,上方山形成了从西门到东门、从东门到西门的环路。

开发旅游

1980年2月,上方山移交房山县文化科,成立上方山管理处。同年5月,上方山正式向游人开放,接待参观者。

1983年10月,北京市政府主要领导来房山云居寺风景区植树,并对陪同的房山县领导提出要求,要搞好古建筑和文物的维修与保护,发展旅游事业。1985年1月21日中共房山县委提出,大力发展旅游业。

1988年房山区委、区政府提出了"以发展旅游为突破口,增强对外吸引力"的旅游发展方针,组建了房山旅游事业管理局,并首次把房山旅游业纳入《房山区1989—2000年经济社会发展规划》,标志着旅游业作为产业的地位开始被认可。

1992年9月,中共房山区委二届五次全体扩大会议提出把旅游业作为房山经济上新台阶的三大突破口之一的战略决策。1993年1月,中共房山区委二届六次全会又明确提出了"解放思想,真抓实干,开创房山旅游工作新局面"的重要部署。

1998年3月,房山区成立旅游集团,上方山划归房山旅游集团管理。

完善旅游设施

随着旅游业的发展，上方山不断加大对旅游设施建设的投入，旅游设施不断完善。

1982年，为改善上方山旅游交通，将"岳圣路"4.3公里的路段改建为三级柏油路。

1985年，对兜率寺、藏经阁、钟楼等文物建筑进行了修复和修缮。1987年，上方山正式对外开放。

1990年，投入50万元，修建上方山西路云梯，增加了进出道路。1991年6月，成立北京上方山云水仙洞旅游有限公司，开发云水洞洞内景观。1994年，对云梯两边的护墙进行加固整修。1995年，修建东门至云水洞，吉利涯至摘星坨旅游步道，承租解放军二七八医院招待所楼房一座，租期5年，每年租金3万元，用于接待游客。1997年3月，在办香庵建猕猴圈养舍一个，引进猕猴50只。后放养成功，为我国野生猴群自然分布最北线，增加了上方山旅游景观。

2001年10月，房山区旅游集团与房山区旅游局合并，上方山划归旅游局管理。投资750万元，在上方山西路和东路各建索道一条，西路全长836.40米，东路全长210米，2001年竣工。

2005年5月18日，新建的岳各庄至上方山的岳圣路全线贯通。

2007年10月9日，上方山国家森林公园被北京市旅游景区质量等级评定委员会评定为AAA级旅游景区。

2007年12月，成立上方山风景名胜区管理委员会（为协调议事机构），纳入属地管理。

2008年7月12日，上方山以房山区被列为历史文化旅游集聚区为契机，针对公园基础设施薄弱的问题，开始编制《上方山国家森林公园旅游基础设施和环境整治项目建议书》。

2009年5月2日，上方山公园创近年单天接待游客新高，直接接待购票游客达2700多人，直接收入达9万多元。

2012年7月21日（简称"7·21"），上方山遭受百年一遇的洪涝灾害，自上午9时至次日零时15个小时不间断的强降雨致使山体滑坡，山洪暴发。突如其来的山洪造成交通、通信中断，办公设备、旅游服务设施、防火设施、供电设施、广播监控系统损毁严重。本次自然灾害给上方山造成的损失达6600万元。由于受灾严重，景区处于瘫痪状态，无法进行正常办公以及旅游接待工作。

2013年7月27日，受2012年"7·21"洪灾的影响，修复一年的上方山西路（西门—云水洞）正式向游客开放。同年10月1日，东路向游客开放，至此，经过14个月的灾后重建，上方山东西两路正式向广大游客开放。

2016年7月20日，北京持续的大到暴雨导致上方山景区道路及房屋受损，闭园重建1个月，其中文物四期修缮项目中藏经阁、毗卢殿正殿、舍利殿正殿及长廊等建筑出现漏雨、屋顶坍塌等险情。

志载上方山

　　志是文献性资料，是存史的主要途径。传承上方山文化，释自如、溥儒等耐得寂寞、贫困，潜心编修《上方山志》，为存史上方山做出了重要贡献。已经编纂的上方山志有：《上方山志》（清）（释）自如纂，清乾隆二十九年（1764年）刊本一册；《上方山志》五卷（清）（释）自如纂，吴仁敔校订，清光绪三年（1877年）翻刻本一册；《上方山志》五卷（卷首一卷，卷末一卷）（清）（释）达闻纂，清光绪十八年（1892年）三善堂铅印本一册；《上方山志》十卷，图一卷（清）溥儒辑，1927年上方山兜率寺刻本二册，又1930年文楷斋朱印刊本三册。

　　1928年重修的《房山县志》、1995年出版的《北京市房山区志》都不同程度记述了上方山的自然、历史情况。

释自如纂《上方山志》

上方山具有近2000年佛教文化历史,其悠久的历史文化掩埋在兴衰起伏、战火兵灾的岁月之中,释自如挖掘整理,率先编纂《上方山志》,记述了其历史,特别是记述了未被社会认知的上方山历史,为传承上方山文化做出了重要贡献。

释自如,康熙五年(1666)生人,俗姓武,父亲武国栋,顺天大兴人。6岁(1672)如上方山文殊殿,拜族叔瑞公为师,学佛于继源法师,受具于愍忠法师,于上方山听讲华严经。释自如修炼于上方山50余年,"看花开落度岁寒暑者,深因有悟于□为之前虽美不彰,莫为之后虽盛不传之理"。"遂寻碑觅碣,今古与稽,

释自如纂《上方山志》

为山始志，用彰名胜高流于博览之广"。乾隆十六年（1751）春，释自如"辄掩关于假死轩中，穷智枯肠，强笔直记于平日所集之断碑残碣与副山峦、峰脉形势景物及历朝贤人善信诗古文词，有据者一一录籍，无证者弗能妄注不逮"。乾隆十七年（1752）终于定稿。但始终无力刊刻成书，"遂置之高阁，阅今盖以十三年矣，其志不易，遂有如此者"。乾隆二十九年（1764），江宁居士吴仁敌资助出版。

释自如纂《上方山志》共 5 卷，卷之一"名胜"，卷之二"人物"，卷之三"建置"，卷之四"文部"，卷之五"物产"。

《上方山志》多处记载了上方山佛教开山弘法时间是在东汉年间。现摘录如下：

一、吴仁敌在该志所作序中写道："按天下名山类皆有志，所以纪名胜于不坠。惟上方自东汉迄唐宋元明迄今本朝一千七百五十余年不闻有志，岂天故缺其数而默待如师以补之欤。"吴仁敌确认上方山佛教始于东汉。

二、释自如在该志的序中写到，由于先贤没有修上方山志，顾"为山不知其几千万年而生面开焉，不知其几千年而西域诸佛来兹东土而梵宫建焉，名胜岂易得哉，淹没不亦伤乎"。明确告知世人，上方山乃西域僧人开山修建寺庙。

三、"卷之一·名胜卷"载："如于本朝水师修塔筑基掘得石幢□□，维开山第一代华严慧晟禅师者，系中印土之梵僧也。东汉光武十年（34）岁在甲午，西域诸大菩萨入理，圣人庚戌春驾莅斯山，因驱龙索水。此上方开韧之源也云云。因录之以证。博览其幢,乃百咏南禅师道行之记。"此段话记载几层信息,一是关于慧晟禅师开山上方山资料的来源,是清朝水师修塔筑基时,曾挖得记载百咏南禅师道行的经幢;二是在经幢上面记载了"开山第一代华严慧晟禅师"开山上方山的历史是东汉光武二十六年(50);三是慧晟禅师是印度高僧,光武十年(34)与印度诸菩萨进入中国云南大理传播佛教。该志告诉后人,上方山佛教文化始于东汉,开山祖师是印度僧人慧晟。

四、"卷之二·人物卷"载有 15 位高僧,为首第一位即"东汉兴教开山第一代华严慧晟禅师",再次明确了上方山开山礼佛的年代、开山的高僧。

五、"卷之四·记",记载明嘉靖戊申年(1548)赐进士第观吏部政行人司行人古顺杨震在《重修兜率禅寺记》中明确写道:兜率寺"传说肇自汉唐陈隋,历朝随时兴重修建,代不乏人。至我明先达亦尝修之"。

六、"卷之四·记",《重修上方山文殊殿常明香灯记》中明确写道,"云水洞相传谓神仙洞",上方山"自汉迨唐金宋元明,历朝游览莫不探奇标异"。明确告诉世人,早在汉朝,人们就开始了对上方山的认知。这也从另一方面说明的华严慧晟禅师选择上方山开山传教的历史背景。

"卷之三·建置篇"记载了上方山寺院规模,共有 3 寺、7 殿、8 洞、1 阁、1 园、1 泉、1 台、1 坨、2 崖、3 庙、2 院、51 庵。

上方山以自然洞窟为重要景观特色,"卷之三·建置篇"记载了 8 座洞窟,其中的华严洞乃慧晟鼻祖开山上方山的洞窟,也是华严宗第四十代大师祖妙本如圆寂的洞窟。

西域僧人到中国传佛，常把一些事情编成神话故事，以在民众中广泛流传。《上方山志》记载了房山民间千百年流传慧晟禅师斗龙索水的故事。《上方山志》"卷之四·文部"记载：青龙背下有穴曰"旱龙潭"。形类阱窆，阔大渊深，古毒龙所居之处。昔华祖驱龙开山，龙怒，竭水而去，祖逐，索水仅得一笠，泻而成泉，曰"一斗泉"。

"卷之四·文部"记述了上方山的部分碑碣。主要有：《重修上方山兜率寺天梯记铭》《重修兜率禅寺记》《重修上方山文殊殿常明香灯记》《百咏南禅师塔记》《明禅师塔铭》《掘崖篮和尚塔记》《忏悔上人塔记》《遐龄益寿禅师塔记》《崇公和尚塔铭》《天香修道禅师塔记》《普济开山第一代孤山银师塔记》《苍林岫师塔记》《道潜真禅师塔记》《穆然普德禅师塔记》《水月禅师行实记》《大观佛日眼道人记》《道目禅师自序》等。

溥儒修《上方山志》

鸦片战争结束了中华民族两千年的封建专制的社会生活。辛亥革命揭开了中华民族新的一页。佛教文化在新的社会动荡中，面临新的抉择。其间，一位虔诚的佛陀信众，走进上方山，为保存上方山佛教文化呕心沥血，作《上方山志》。

这位信众就是溥儒。

溥儒，字心畲，号羲皇上人，别署西山逸士，生于清光绪二十三年（1897），他是清宣宗道光皇帝的曾孙，恭忠亲王奕䜣之孙，贝勒载滢的次子。溥儒少年时就读于清室为贵胄开办的法政学堂（辛亥革命后改为法政大学），结业后赴青岛入礼贤书院学习德文，先后两次赴德留学，并获得柏林大学的天文学和生物学博士学位。后学习绘画，1926

溥儒修《上方山志》载溥儒画像

年举办第一次画展，1934 年任北平艺专教授。1949 年中华人民共和国成立前夕去台湾。1963 年 11 月 18 日病逝于台湾。

溥儒是一位多才多艺的学者，一生著述 20 多部。一生笃信佛教，对佛教颇有研究。1938 年，是溥儒母亲过世两周年，溥儒用半年时间，取舌血作"释迦牟尼坐像图"。图长 60 厘米，宽 40 厘米，在佛教信众中绝无仅有。溥儒依靠其丰富的第一手资料，1930 年重修了《上方山志》，不仅是对上方山的贡献，也是对房山乃至北京市佛教文化的重大贡献。

溥儒对重修《上方山志》态度极为郑重。我们手中的《上方山志》乃是溥儒编纂的草本。溥儒在《上方山志》封面题言："儒以菲才孤陋承兜率三人之嘱，勉成是书。而上方碑碣未及访录者尚多。且自李唐辽金以来，游此山者必多题咏，一时实难尽得其书而检求之。至于字句之间颇有笔误，拟于明年再定是书。今先印此未定之者，所望海内博雅之士若见有古人关于上方山兜率寺诗文而此书未及载者、或字句体例有不合之处，请即赐教补儒之过，是为深幸如蒙赐函，请寄北平佛经流通处转交可也。"读此题言，一是看到了溥儒的谦恭，二是了解到了此书成因，三是了解了此书乃是初稿，四是得到的更重要的信息是，此书是通过"北平佛经流通处"出版，为后人研究《上方山志》提供了佐证。

溥儒修《上方山志》分序、图、凡例；卷一，山水田；卷二，儒释；卷三，考工；卷四，碑碣；卷五，物产；卷六，艺文一；卷七，艺文二；卷八，艺文三；卷九，艺文四；卷十，艺文五。

溥儒修《上方山志》扉页由罗振玉题写书名。右上侧写有楷体小字，"庚午孟春"，中间篆书《上方山志》，左侧落款"上虞罗振玉署"，下钤"罗振玉印"。

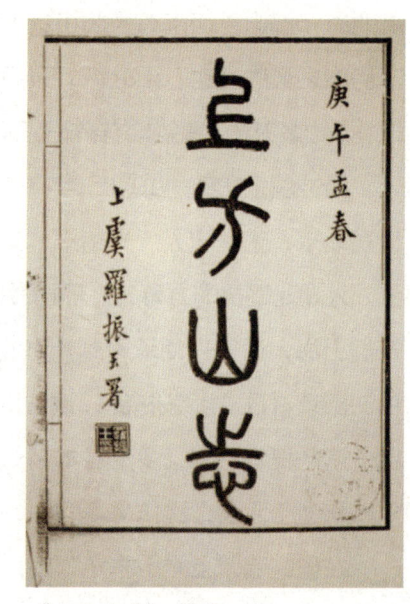

《上方山志》扉页

罗振玉（1866—1940），字叔言，号雪堂，江苏淮安人，祖籍浙江上虞，秀才出身。1896年在上海创办《农学报》，反对戊戌变法，后从事教育工作，创办东文学社。

1900年任湖北农务局总理兼农务学堂监督。1901年去日本考察教育。回国后，曾整理清廷内阁大库档案，搜购大量出土的甲骨。辛亥革命爆发后，逃往日本，1919年春回国。1924年，应清废帝溥仪所召，入值南书房，与王国维一起检点宫中器物。"九一八"事变后，又积极参与制造伪满洲国的活动。1933年任伪满洲国检察院院长。1940年病逝。

溥儒修《上方山志》第2页印一方框，里面篆书："岁次强圉单阏月阳极大荒落文楷斋刊"。左下侧印有楷体字："板存上方山兜率寺"。第3页是释自如在乾隆版《上方山志》中写的"原序"。后面是"辽阳杨钟羲撰"并书写的"上方山志序"。杨钟羲写道："幽燕五为帝都，土载奥区山苞神薮，西山为太行别阜，其北有军都山，西南有大防山，为金明帝王弓剑之所，上方山则又房山之最胜者也。山之深，泉石草木之幽……揽胜之编，辽金以往，竹素无传，曹能始有游记，而一斗泉、云水洞之美始彰……"

杨钟羲（1865—1940），字子勤，号留诧，又号雪桥，祖籍辽阳，世居北京，正黄旗人。光绪十一年举人，十五年进士，散馆授编修。入湖北巡抚端方幕，曾任淮安知府、江宁知府。辛亥革命以后，寄居上海，适吴兴刘承干刻《嘉业堂丛书》，杨任校勘。1923年由沪回京，任古学院研究员，设雪桥讲舍，中外来学者先后百余人，曾一度赴日本访书，多见善本名刻。擅长书法，求者甚众。1940年秋病逝于北京，终年75岁。

在杨钟羲"上方山志序"后，是溥儒写的序。

在溥儒撰序后面，是清上方山兜率沙门清池莲舟撰"上方山志序",文中写道:"……房山县为京西名胜之邑,而天下山川府州郡邑各有其志,虽有各志,而郡邑第事非专属,略而不详。由是名山大川,又各有其志,以补郡邑所未备也,上方山者虽载府县志,仅存其名也,自汉华严神僧生于印土,开建于燕属上方,驱龙造庵,兴衰不知几度矣。迄至皇清一千八百余春秋,蒙世祖章皇帝与世宗宪皇帝,先后钦赐匾额多方,继续诸亲王恩赐匾额对联等。历有稽考至乾隆年间自如师草创山志,惜多未备,迄今民国百余年代始造山图,今按图而稽,了如指掌。是作也,不可谓无补于郡邑之所未逮云。"

凡例和目录后印有4张画像,第一张是画家叶昀(仰曦)绘画的溥儒青年时期的小像,后面分别是溥儒为"清池上人,妙禅上人,善周上人"白描上半身画像。画像后面,依次为卷一至卷十。

溥儒在释自如编纂的《上方山志》的基础上重修《上方山志》,在佛教文化方面增补多项新资料、新内容。依据章节顺序,主要有如下内容:

一、在目录后,增加了上方山3位高僧的画像。

二、在目录后和"卷一·图迹"中,增加了40版绘图。一是增加了上方山全图;二是增加了上方山七十二茅庵方位图;三是增加了兜率寺放大全图;四是增加了青龙峰上的万缘宏钟楼和万缘宏钟绘画;五是增加了"西方梵僧华严慧晟鼻祖圣象";六是增加了慧晟鼻祖与毒龙斗法、修寺、慧晟鼻祖坐棺自焚图。溥儒重修《上方山志》增加的绘图进一步明确了印度高僧慧晟大师东汉开山上方山的历史。

三、把华严慧晟禅师条目置于"卷二·儒释·释"篇目之首。在华严慧晟禅师条目中,首先全录释自如纂《上方山志》"卷之一·名胜篇"内容,然后补记了如下内容:"汉明帝时始有佛法。彼慧晟者,岂先白马而至哉,戒坛佛龛。山碑称万岁通天(696),中幽州都督张仁愿,为华严尊者施僧伽黎、五百缘,盖华严。唐人飞锡幽燕间,又常与韩公遇。后人词焉,以神其事。今百咏石幢未见,而佛龛片石尚足证也。"

溥儒先生为我们补充了几个重要内容:一是"汉明帝时始有佛法。彼慧晟者岂先白马而至哉,戒坛佛龛山碑。"明确告知我们,慧晟先于汉明帝请的二位印度僧人到达了东汉,到达了上方山。二是"山碑称万岁通天,中幽州都督张仁愿,为华严尊者施僧伽黎、五百缘,盖华严。"这里一方面为世人提供了一个重要的历史事实,"施僧伽黎、五百缘"不但表明唐朝武则天时期上方山与幽州府有密切关系,也表明上方山僧人很多。三是"唐人飞锡幽燕间,又常与韩公遇。""唐人"一方面可以解释为唐朝时期的僧人,一方面可以解释为唐朝长安僧

溥儒修《上方山志》载祖与龙王斗法图之一

人。唐朝时期，幽州府位于今北京城的原宣武地区，城中设有华严坊，说明《华严经》在幽州传播的盛况。唐朝是华严宗形成的重要时期，而上方山华严洞是最早传播《华严经》的圣地，长安、幽州、上方山自然有较多的华严文化交流，所以"唐人飞锡幽燕间"，也证明了上方山华严洞与中国华严宗的紧密关系。

四、溥儒修《上方山志》"卷二·儒释篇"对释自如乾隆版《上方山志》记录的高僧分别进行了生平简介，同时又增加了16位高僧的生平简介，新增加的高僧主要有华严祖师义琛、度公、铁头陀、应公、大观佛眼道人、自如上人、博闻禅师、庆缘禅师、瑞云禅师、证果禅师、显瑞禅师、云祥禅师、清池禅师、秒禅大师、善周大师、贯如禅师。

五、对于上方山寺庙建筑，溥儒修《上方山志》"卷三·考工篇"记载为，上方山共有4寺、2院、13殿、3阁、2堂、2室、7庙、1门、2园、10井、2梯、103庵、3亭、11桥。从溥儒志载数字可以看出，上方山经过清后期发展，寺庙建筑规模远远超过乾隆时期，足见上方山佛教文化在清代中期发展盛况。

六、溥儒修《上方山志》"卷四·碑碣篇"和艺文卷，在记述释自如纂《上方山志》"卷之四·文部"所载碑碣的基础上，又增加了新的碑碣资料，主要有《大兴府良乡县比丘尼了性灵塔记》《六聘山逐月朔望常供记》《天开寺观音院寺主源公塔记》《天开寺上方无止供记》《中都报先寺尼德净灵塔记》《报先寺尼德净坟石幢记》《奉先县禁斫林木榜》《下中院村碑》《房山县重修天开寺碑》《护持天开寺中院碑》《六聘山天开寺重修碑》《天开寺碑》

《天开寺陀罗尼幢》《应公禅师道行碑》《上方山兜率寺开井碑记》《观音殿记》《重修兜率寺记》《上方山兜率寺穿备泉井记》《佛说四十二章经碑》《上方山一斗泉诗碣》《上方山朝阳洞诗碑》《重修文殊殿记》《戒坛千佛阁诗碑》《上方山置地碑记》《上方山寺义田碑记》等。

七、溥儒修《上方山志》描摹了《燃身明禅师塔铭》，更正了释自如纂《上方山志》关于燃身明禅师出生年代的错误。

溥儒重修《上方山志》是我们全面了解上方山佛教文化历史的基本材料。

《房山县志》载上方山

中华民国十七年重修《房山县志》，共八卷，不同程度记载了上方山的事。

"卷之一·山脉·大房山·戊堵墙山"载："二，上方山。城西五十里，在中院村西北，有上方寺，故名。三，凤凰山。城西上方寺北山也，近黄山店。四，摘星坨。城西上方寺西峰也，孤峰特起。五，望海坨。城西上方寺东峰也，桑干在目。""十二，六聘山。城西南三十里，在天开村。朱彝尊谓：晋霍原隐此。又名绿屏山。村人言：村北有元宝山、卧虎山，村东有蜘蛛山，村东南由磨盘山、酱棚山、马安山，六山合名六聘山。"

又载:"云水洞,城西上方山。华严洞,城西上方山。文殊洞,城西上方山。九还洞,城西上方山。金刚洞,城西上方山。白牛洞,城西上方山。西方洞,城西上方山。观音洞,城西上方山。"

"卷之一·河流"载:"一斗泉,在孤山口西北之上方山寺,俗呼为斗笠泉。"

"卷之二·物产"载:"笔管菜,即黄精苗,上方山最多。形如笔管,清肥可爱。""柏……西南上方山云居寺等处甚多。""黄精……太阳之草,名黄精,食之可以长生……上方山僧常以此为送礼之物。""黄檗……以上方山石经山为多。"

"卷之三·古迹"载:"摘星坨(略)、六聘山(略)、上方山之华严洞(略)、天开寺(略)、乱塔寺(略)、中院村之中院寺(略)、上方山之兜率寺(略)。六聘山天开寺忏悔上人坟塔记,金刻,在上方寺。"

"卷之五·名山寺观"载:"上方山,万壑摇青,群峰点碧,到处凉阴,几忘炎夏。"

"卷之六·人物志"载:贯如(至诗词部分,内容省略)。

"卷之七·艺文志"载:魏必复《重修天开寺碑》,曹学佺《游房山记》,方逢年《上方山记略》,刘侗《云水洞记略》。

"卷之八·艺文志"载:无名氏《游上方山记》,闻达《上方山记》。

"卷之八·诗词"载:佟有年《上方山寺》《云水奇观》,齐推《前题》二首,曹学佺《上方山寺》《斗泉寺》《云水洞》《上方山》,孙慎行《上方山二首》,郑振先《上方山二首》《上方山寺》,刘居仁《次前韵上方山绝顶》,罗在公《孤山口》《筏汉岭》《接引亭》

《红桥》《竹院》《摘星坨》《莲花台》《飞来峰》《华严洞》《漾碧溪》《龙虎峪》《象玉峰》《一斗泉》《毗卢寺》《紫柏云》《伏狮岩》《望海尖》《同霁嵓和尚游上方山》《驴走云梯》,释超永《接引亭》《云水洞》《跃龙潭》,赵之炎《一览亭》《接待庵》《云梯庵》《兜率寺》《宿上方禅房》《上方禅房偶成》《飞来峰》《摘星坨》《一斗泉》《云水洞》,刘玉衡《接待庵》《云梯》《兜率寺》《文殊殿》《听梵桥》《一斗泉》《普贤殿》,索禄《乙卯秋游上方》《云水洞》,僧闻达《夏游上方》,吴仁敌《上方山色》《云水洞》《旱龙潭》,高书官《上方山》,常履道《赴上方山偶成》《自兜率寺赴云水洞》《上方山四歌》《自上方归路上即景》,王邦屏《游上方山约毓君清臣》《寓上方山兜率寺》。

《北京市房山区志》载上方山

1999年版《北京市房山区志》是中华人民共和国成立后房山区(县)第一部志书,书中多处记载上方山。

第2章第2节"地貌"载:"中山,以百花山系为主,岩性以凝灰质板岩、砂岩、砾岩、火山岩等为主。山脉走向为东北—西南向。海拔高度大于800米,相对高度为400米~1000米。一般山坡直险陡峭。坡度达50°~60°,坡面上沟谷较发育。纵坡度达20°~40°……主要山脉有百花山、大安山、猫耳山、上方山等。""上方山，位于岳各庄乡北部，海拔838米，峰峦奇秀，林木萧森，为京郊风景名胜之一。""熔岩地貌极具典型：溶洞分布广，洞穴深，洞中景观奇谲瑰丽。著名溶洞有上方山云水洞。"第7节"动物"载："第四纪哺乳动物化石主要采于周口店遗址洞穴中。此外，考古工作者还在……上方山云水洞洞穴堆积中发掘到距今约18500余年的属更新世晚期的燕羊、雉岩羊等动物化石。"

第6章第1节"林业资源与林业区划"载："坨里—云居寺浅山风景林经济林区周口店、上方山侧柏黄栌风景林及杏经济林亚区，内有周口店猿人遗址、上方山、云居寺等多处名胜古迹，以绿化美化环境保持树种为主。"

第3节"林木管理与保护"载："1980年，经北京市政府批准，上方山管理处林业公安派出所设立。翌年，市消防局于此建起一支40人的消防中队，配备消防车3辆，风力灭火机12台，以及电台两部、便携式对讲机6部，并建起瞭望塔两座。"

第9章第5节"旅游业"载，20世纪80年代中后期，"周口店北京猿人遗址、上方山云水洞等古文化遗址及名胜古迹，在保护文物和生态环境同时，增葺旅游设施，铺筑专用公路，并以较低价格售票迎宾。"1994年，房山区"较著名景点有……上方山国家森林公园等。"

第11章第3节"寺观、园林及旅游景区建设"载，寺观"历代所筑众多，规模不一，多建于灵壑秀谷，以云居寺、上方山寺、瑞云寺等寺观最为煌赫……上方山位于房山城西南10公里许。古称六聘山，属太行山余脉大房山支脉。据史籍载，东汉时，华严慧晟禅师，睹其峰奇林幽，显天地灵异之气，遂于此造构塔寺，以播扬梵典。后历代陆续构建，辽金时达鼎盛。金末战火延及此，明万历时重葺。清初典籍载，山上有庵寺120，及清光绪年间志书，始录记72庵，与9洞12峰并称。斯时，山上香火依馨，游客亦众。72庵掩映于峰岫林溪间，建构随山就势，或严谨恢宏，或玲珑精巧……72庵分别以下院、中院、兜率寺为中心。兜率寺为诸庵总汇，属山中方丈禅寺，殿宇巍峨，为诸庵之冠……迄20世纪80年代，寺院大多毁荡，仅兜率寺等几座古寺犹存，然已残破不堪。"

旅游景区上方山载："京西南著名风景名胜之一，昔称'幽燕奥室'，素以峰奇、林秀、洞幽著称。清代志书，载有9洞12峰。9洞……皆天然洞穴。云水洞为诸洞之冠……12峰为天柱峰……高800米，呈一柱擎天之势。明时，于屿崖间破壁凿岩，建登山石梯一道，名'云梯'。共262级，每级半尺，仅容跬步。石梯两侧各装供游客攀附铁链一道。云梯顶端岩壁刻有'幽燕奥室'四字。通山脚仅蛇径一条，榛截岩阻。云水洞……民国年间，因兵匪屡犯，山中寺庙毁圮殆尽，僧众离散。自20世纪80年代中期始，为发展旅游业，始修筑山前公路……"

第6节"环境保护"载："上方山国家森林公园位于房山区岳各庄乡西部大房山支脉上方山。1992年11月被林业部定为国家级森林公园……1994年3月，又被林业部定为全国20个国家森林重点示范园之一。园区总面积5300余亩，平均海拔高度400米以上……峰峦奇秀，古木蓊郁，森林覆盖率逾90%……内中一些属古热带和中西亚地区植物，为北京地区罕有。森林以侧柏、栎等次生林为主,具有极高观赏价值和经济价值。"

第19章第3节"地方武装"载:"1938年9月,日军派高级间谍扮为国民党特派员,赴杂色武装总司令部西域寺,以假委任状相欺骗。日本间谍走后不久,便派重兵包抄上方山、西域寺一带,使杂色武装损失重大。"

第22章第2节"民间文化"载:"神话产生,本源于人类对地球起源及奇异自然现象等缺乏科学认识,遂借助想象以诠释。上方山开山祖师华严老祖的传说……,极鲜明地体现出神话这一本意。"

《上方山一斗泉的传说》(内容略)。

第3节"碑铭"载:"上方山诸寺及其他寺观,逢庙必碑……成为封建文化一大特征。"

第32章"宗教"载:"房山佛教传入于汉代:东汉建武中元至永平间,华严慧晟禅师于上方山肇筑塔寺,播扬佛典。""据有关史料,1944年……房山县有僧人15名,上方山佛寺72座,仅3名僧人寂守,余者散于沿村、良各庄、张坊等处。是为民国末数字,未注明年份。众僧多于20世纪50年代还俗。"

第33章第一节"会社"载:"《义和团运动史要录》载:9月11日,侵略联军出动1700余人攻打良乡城,义和团和守城清军顽强抵抗,阵亡250余人。城破后,联军恣肆屠杀。义和团和城中百姓4000余人被难……团总李老道逃至上方山,为清兵所获,不久遭害。"

上方山诗文故事选

从明人徐渭写下上方山游记,先后有十几位明朝以来的历史人物,写下了关于上方山的游记、诗赋,从不同视角记述了上方山丰富的森林、地质、佛教文化。

《奉先县禁斫林木榜》

上方山林木是历代僧众隐逸之源、燃薪之源，保护上方山林木资源，事关上方山香火兴旺延续。上方山寺院注重上方山植物资源保护。

金崇庆元年（1212），上方山附近山民哄伐上方山林木，寺院制止不果，上方山善辛大师到奉先县县衙告状，奉先县县衙颁布《奉先县禁斫林木榜》，有效制止了山民的砍伐行为。

碑原在房山上方山兜率寺，今存北京石刻艺术博物馆。碑额残，正文21行，满行25字，行书，碑阴及两侧均正书题名，立于崇庆元年（1212）四月二十二日。碑文记载了六聘山天开寺十方禅院僧人状告周围村民砍伐山林，奉先县特此公告不得随意砍伐寺院辖界内的林木，为此立碑为凭。

此碑为我国古代的环境保护提供了一则例证。

上方山诗词选

上方山多姿多彩的地质文化、生态文化、佛教文化名扬四方，文人墨客、王公贵族，慕名登临上方山，留下了诸多诗词作品。其中，溥儒修《上方山志》载诗词168首。现敬录释自如纂《上方山志》与溥儒修《上方山志》部分诗作。

上方山

〔明〕 孙慎行

何年佛祖亲垂化，奇迹遥从绝境开。
十步峰盘迷径入，千寻壁怒插天来。
倦休接引官前石，健上朝阳洞口台。
郁郁葱葱满崖嶂，都疑云气独萦回。

秀色奇崖面面临，寻幽步步入云深。
僧迎山外钟鸣寺，客转峰头月到林。
千树尽生谈笑色，溪泉真醒坐忘心。
翻疑绝洞高栖者，一榻残经老壁岑。

（选自溥儒修《上方山志》）

朝阳洞

〔明〕 孙慎行

峰外层峰曲曲罗，上方台殿百重多。
高僧尚厌依香火，绝顶经年卧石窝。

（选自溥儒修《上方山志》）

上方山

〔明〕 郑振先

一径遥将法界开,藤萝深处隐楼台。
独看灵气凭云水,不尽苍峰拂面来。
入院有泉供柏叶,攀崖无路傍蒿莱。
西行此日逢初地,暮色催人首重回。

望望仙源不可寻,到来佳气郁萧森。
中峰独拥诸天胜,古木环浮万壑阴。
逸兴倦余犹纵目,清言悟后一安心。
冲炎岂为探奇出,草色云烟处处深。

(选自溥儒修《上方山志》)

春游上方晚眺

〔明〕 宋希诚

春来无事兴偏长,蹑登穿云到上方。
山树有情容我乐,世途无限任他忙。
逢僧且问三生话,礼佛先供一炷香。
随喜不嫌天色暮,谩劳钟磬出回廊。

(选自溥儒修《上方山志》)

兜率寺(部分)

〔清〕 朱彝尊

幽燕古奥室,兜率居中岩。
花宫七十二,下上东西嵌。
六时响鱼鼓,四围松筠杉。
沙泉细流续,石壁遗经劖。
欲探乳穴胜,改著短后衫。
其中路窈纠,其外云封缄。
百千羊须珠,往往乖龙衔。
所嗟脚力弱,畏此高巉巉。
山僧饭我腹,朴野言多儳。
嗣岁期重过,同把黄独镵。

(选自溥儒修《上方山志》)

懦公还上方山

〔清〕 高士奇

倦鸟思归树,孤云本恋山。
城中留不住,林外待君还。
最负幽期晚,空耽野性闲。
凭高仙梵静,新月坠烟鬟。

(选自溥儒修《上方山志》)

代柬寄题·又

〔清〕 高士奇

精舍新开最上头,千崖爽气封清秋。

横溪阁小堪埋照,架竹堂深是寓沤。

佛火每同青霭合,经声遥带白云浮。

缄书报我情无限,只望丹梯作卧游。

（选自溥儒修《上方山志》）

摘星坨

〔清〕 赵之燮

直到巉岩最上层,手扪牛女欲生棱。

归来携得星双袖,供向香龛作佛灯。

（选自溥儒修《上方山志》）

云梯

〔清〕 刘玉衡

万丈悬崖万丈梯,庄严佛殿傍云霓。

大呼伙伴攀岩上,回首山湾草色迷。

（选自溥儒修《上方山志》）

兜率寺

〔清〕 刘玉衡

梵宫巍起正中峰,翠柏青松裹数重。

日夕客来僧对话,一楼钟引一山钟。

(选自溥儒修《上方山志》)

普贤殿

〔清〕 刘玉衡

半壁斜阳映壁芜,钟鱼楚楚寺僧孤。

青山斜面排奇秀,一幅迂倪好画图。

(选自溥儒修《上方山志》)

上方山

〔清〕 佟有年

云光掩映绣芙蓉,游屐时迷去路重。

蹬绝初瞻兜率寺,天低可辨摘星峰。

流泉曲折通禅院,落照参差透古松。

胜境尽开生面出,也应法乳振衣宗。

(选自溥儒修《上方山志》)

上方山寺

〔清〕 齐推

上方山势列芙蓉,兜率初开第一重。

上界钟声连下界,东峰岚气接西峰。

长杆钓月来修竹,古干披云挺怪松。

薄暮轻烟迷四望,游人何处问禅宗。

(选自溥儒修《上方山志》)

云水奇观

〔清〕 齐推

古洞开疏不记年,为云为水合天然。

石床趺坐僧初定,瓮窦匍行客屡邅。

山雪堆琼龙虎伏,楼花簇景鼓钟悬。

溪桥斜跨分仙界,历劫何人悟此禅。

(选自溥儒修《上方山志》)

云梯

〔清〕 罗在公

何年衲子好云栖,穿岩凿石作丹梯。

磴道千盘摩日月,铁索双垂引菩提。

菩提志坚不相让,从容却倒诸天上。

回头涧底一线通,崚嶒怪石如拳样。

(选自溥儒修《上方山志》)

同霁仑和尚游上方山赋

〔清〕 罗在公

疏钟夜动客心惊,一片冰轮万壑清。

近舍全消烟火气,远溪空送石泉声。

耳边天籁时时涌,槛外花枝处处横。

七十僧房归净土,摘星坨下悟无生。

晚入上方山

〔清〕 赵庭荃

支筇万峰来,深入白云隈。

拨草寻人径,攀萝上石台。

寺门敲薜荔,僧院锁莓苔。

一点秋灯闪,茫茫紫翠开。

(选自溥儒修《上方山志》)

兜率寺

〔清〕 查礼

连岩势回报,未测深几重。

古寺居中央,白云当户封。

入门见老树,滴翠清阴浓。

鲸鱼静不鸣,碧藓生废钟。

殿背嵌经版,活笔含纤锋。

坐读淹书晷,微言怀晬容。

诸天本阒寂,尘土无由逢。

僧雏唤客起,更踏前山峰。

(选自溥儒修《上方山志》)

上方山纪游八首（选二）

〔清〕 麟庆

门题兜率古禅林，一径盘旋翠霭深。

我到百僧齐稽首，钟鸣权布祇园金。

闲寻七十二僧家，饷罢黄精又饷茶。

更喜翩翩三绶带，声如音乐和瑜伽。

（选自溥儒修《上方山志》）

旱龙潭

〔清〕 释自如

渺渺幽且静，虚容绝点尘。

渊深龙遁迹，干洁树生春。

佛祖何年化，灵潭此日神。

清秋传落叶，一片不中沦。

（选自溥儒修《上方山志》）

红桥

〔现代〕 林志钧

庵门昼掩四山遮，门外流泉静不哗。

便与红尘成隔世，剩从麋鹿占生涯。

（选自溥儒修《上方山志》）

华严洞

〔现代〕 林志钧

何日能来一銎专,晓看初日暮看烟。

此间绝似卢师洞,只欠僧房扫榻眠。

(选自溥儒修《上方山志》)

题上方茅庵

〔现代〕 溥儒

竹裏招提径,空林落凤毛。

上方黄叶下,孤磬白云高。

茅舍闻谈偈,松门见挂瓢。

韩陵一片石,遗迹说前朝。

(选自溥儒修《上方山志》)

登莲花台远望

〔现代〕 溥儒

龙潭龙已去,孤客尚登台。

拒马寒光起,中条秋色来。

振衣林叶下,飞锡峡云开。

北望韩公迹,三城空暮埃。

(选自溥儒修《上方山志》)

十方院

〔现代〕 溥儒

远公飞遁客,经岁闭岩庐。
古木知僧腊,荒碑纪竹书。
石罂黄独熟,瓮牖白云疏。
萧瑟无行迹,空庭草不除。

(选自溥儒修《上方山志》)

上方山兜率寺赠清池上人

〔现代〕 溥儇

独有登临兴,来寻支道林。
斜阳度寒水,高鸟下孤岑。
窗外白云满,定中黄叶深。
一声疏磬响,潇洒出尘心。

(选自溥儒修《上方山志》)

兜率寺晨起

〔现代〕 傅岳芬

鸟语呼人起,禅房静息机。
松寒侵枕褥,山翠豁窗扉。
美睡清无梦,残春饯已违。
佛前香篆寂,草树自芳菲。

(选自溥儒修《上方山志》)

上方山文选

自明人徐渭写下上方山游记始,先后有十几位明朝以来的历史人物写下了关于上方山的著作,从不同视角记述了上方山丰富的地质、佛教文化资源。其中《上方山四记》曾被列为高考阅读课文。

上方山四记

〔明〕 袁宗道

一

自乌山口起,两畔乱峰束涧,游人如行巷中,中有村落麦田林屋,络络不绝。馌妇牧子,隔篱窥诧,村犬迎人。至接待庵,两壁突起粘天,中间一罅,初疑此罅乃狱穴蛇径,或别有道达颠,不知身当从此度也。前引僧人罅,乃争趋就之。至此游人如行匣中矣。三步一回,五步一折,仰视白日,跳而东西。踵屡高屡低,方叹峰之奇,而他峰又复跃出。屡涉屡歇,抵欢喜台。返观此身,有如蟹螯,郭索潭底,自汲井中,以身为瓮,虽复腾纵,不能出栏。其峰峦变幻,有若敌楼者,睥睨栏楯俱备。又有若白莲花,下承以黄跌,余不能悉记也。

二

自欢喜台拾级而升，凡九折，尽三百余级，始登毗卢顶。顶上为寺一百二十，丹碧错落，嵌入岩际，庵寺皆精绝，时花种竹，如江南人家别墅。时牡丹正开，院院红馥，沾薰游裾。寺僧争设供，山肴野菜，新摘便煮，芳香脆美。独不解饮茶，点黄芩芽代，气韵亦佳。夜宿庵方丈，共榻者王则之、黄昭素也。昭素鼻息如雷，予一夜不得眠。

三

毗卢顶之右，有陡泉，望海峰左，有大小摘星峰。大摘星峰极高。一老僧说峰后有云水洞，甚奇邃。余遂脱巾襫衣，导诸公行。诸公两手扶杖，短衣楚楚，相顾失笑。至山腰，少憩，则所为一百二十寺者，一一可指数。予已上摘星岭，仰视峰顶，陡绝摩天，回顾不见诸公，独憩峭壁下。一物攀萝疾走，捷若猿猱，至则面目黧黑，瘦削如鬼，予不觉心动，毛发悚竖，讯之僧也。语不甚了了，但指其住处。予尾之行，入小洞中，石床冰冷，趺坐少顷，僧供黄茅汤，予啜罢，留钱而去，亦不解揖送。诸公登岭皆称倦矣，呼酒各满引。黄昭素题名石壁。蛇行食顷，凡四五升降，乃达洞门。入洞数丈，有一穴甚狭，若瓮口，同游虽至羸者，亦须头腰贴地，乃得入穴。至此始篝火，一望无际，方纵脚行。数十步，又忽闭塞。度此则堆琼积玉，荡摇心魂，不复似人间矣。有黄龙白龙悬壁上。又有大龙池，龙盘踞池畔，爪牙露张，卧佛石狮石烛皆逼真。石钟鼓楼，层叠虚豁，宛然飞阁，僧取石左右击撞，或类钟声，或类鼓声。突然起立者，名曰须弥，烛之不见顶。又有小雪山大雪山，寒乳飞洒，四时若雪。其他形似之属，不可尽记。大抵皆石乳滴沥数千年积累所成。僮仆至此，皆惶惑大叫。予恐惊起龙神，亟呵止，不得，则令诵佛号，篝火垂尽，惆怅而返。将出洞，命仆敲取石一片，正可作砚山。每出示客，客莫不惊叹为过昆山灵璧也。

四

从云水洞归，诸公共偃卧一榻上。食顷，余曰："陡泉甚近，曷往观？"皆曰："佳。"遂相挈循涧行。食顷至。石壁跃起百余丈，壁淡黄色，平坦滑泽，间以五彩，壁上有石，若冠若柱，熟视似欲下堕，使人头眩。壁腰有一处，巉巉攒结，成小普陀，宜供大士。其中泉在壁下，泓渟清澈，寺僧云："往有用此水熟腥物者，泉辄伏。至诚忏谢，复涌出如常，故相传称圣泉。"余携有天池茶，命僧汲泉烹点，各尽一瓯，布毡盘石，车饮至夜而归。

游上方山记

〔明〕 曹学佺

出房山县六十里，所过村落曰瓦井，曰天光，曰孤山口，皆与山势为升降，过孤山口则崇山如环，幽溪如带，时时涉溪沿壁，跷苔扪萝，乃至麓。有一庵焉，为诸峰所覆，如狻猊之昂首也。馋严两壁相距，中开一线，鸟道盘旋，五里至石梯，梯即巨石，五丁凿为坎，仅容半跬，高数百磴，左右两铁系恒，长百尺，山巅下垂，涉者缘之，手与足分任其力。盖左迫无极之岩，而右临不测之渊矣。梯尽处有小庵可憩，折而东此，可一里，至山门。入门始昂首见诸庵纵横稠叠，处于悬崖峭壁蒙茸之内，如鸟巢然，所谓禅枉也。独上方寺正中，如负扆收居，蹑千百磴，始可到。旁有两洞流下，闻而不见水，其上有冰封之耳。又东折而往，则连岩层阴，雪堆未化，独有古柏青青，龙蟋虬舞，出雪之上。其岩轩揭如仄，奇秀如云，穿注如峰房燕垒，岩下有泉，深三尺，广倍之，面一平台，又十倍之。相传开山时有龙占此，禅师叱之避，尽挚其山泉以去。师飞锡行，留泉仅满斗，金山即名外泉也。山下有洞，尚隔一山，说者以此山空腹，寺径达洞。然人必自其上行，上行必径前峰，孤园突兀，形如摘星，望之甚悍，陟亦可至半，可兆诸庵，岭亦劣平，尚不见洞。又下五里入洞，如一城，僧家依洞为窟，石床茆扉可掬，为客煮茗，初不有水，以葫芦系腰至洞里取水，曳之出入。寻缚枯藤为炬鳞次而进，第一洞犹隐隐见影，二洞以内黯黑无光。三洞是一小窦，围可三四尺，深五六立，伏地匍匐，束身蛇行，即僧所曳葫芦处也。入三洞倏高广，燎炬不见顶。旁有一潭，石蜿蜒如双龙状，其中园光如珠，于是取水焉。抵九洞无路，有穴如井，入者后人蹑前背，丈余复空阔，但雾气蓊塞，履滑衣湿，不易前进，至十三洞，路尚不穷，云过此无奇，兴尽返矣。大抵中以一曲为一洞，十三洞约有六七里。洞中之石玉白镜莹，刹为琉璃，逾寸明彻。其镜之最著者曰莲花山，片片如青莲瓣，曰龙虎，宛肖龙虎，曰长眉祖师，兀坐岩畔，眉修然垂；曰吕纯阳，俨然具道者衣冠；曰石塔，层层笔立，曰石钟鼓，叩之作钟鼓声。此非历三洞穿窦之苦，不能得也。又其最著者曰须弥山，一山甚大，行良久难尽；曰雪山，森如积雪，扪之若刺，曰不花楼，山之上有重楼焉，以雪为地。吐花如寻芝者数万朵；曰仙人桥，跨青溪而渡；曰十八罗汉，为修短欹正各状貌，曰接引幡，从顶倒悬，缥渺若拂。此非历九洞入井之危不能得也。出洞之后，依然天光，迥若隔世，骛喜异常。

游上方山赋

〔清〕 吴仁敔

惟天地耸乎天兮，突者山而仰止；惟天入乎地兮，洼者水而聆音；龙右旋而水左旋兮，像太极之心；石为骨而土为肉兮，开佛老之林茂；草为毛兮，春风吹而生绿；苔藓为皮兮，灵雨积而拖青；古木疏密兮，名兰隐约；鱼声断续兮，梵音洒落；云补断山兮无心，鸟栖茂林兮有托，月来山窗兮，画梅影于横斜；风动林壑兮，起松涛于寂寞；登高峰以望远兮，一声啸而山谷齐鸣；入静室以休心兮，万缘息而人我双清；枕流泉以洗耳兮，扫是非于浮云之外；跌云洞以安神兮，绝名利于梦幻之生，看花笑谁兮，苦海灭顶；听鸟说是兮，净土回程；顾何年而缰解兮，来捉水中之月；审此日而索断兮，欲缚岭上之云；况有草可衣兮，坡裘不藉金针补；有木可食兮，香柏能疗赤腹枵；莫言春明兮早发，须识岁寒兮后凋，有愁而闷来兮，登五峰以眺望；无忧而兴至兮，徙四景之逍遥；摘云蘑兮谷口，采茶菊兮山腰，间与禅僧兮经谈，夜月静追佛祖兮性悟，江朝自有清风兮，充作扫花之仆；不无闲云兮，当为司阍之人；安敦而不迁兮，高山可与为伴；昼夜而不舍兮，流水堪与之邻；数声玉磬兮，唤醒古今之梦；一棒金钟兮，敲破天地之春；当前之快活兮，时不可失；未来之期望兮，人无全神；惟夫春花兮绣谷，夏云兮奇峰，红叶兮秋老，绿萼兮冬烘，乃上方之清景，非尘世之浇风。

上方山记

〔清〕 释自如

上方来脉，气贯昆仑而走西北，结穴于西南房山邑，状若苍龙顾子者然。自孤山口抵兜率门，计十五里。由发汗岭步云梯，而达内院。

山位子午，一干七枝，乘其气而庵者七。一曰象王峰，普贤殿挂其鼻祖。二曰峭壁峰、狮子崖负其夹脊。三曰锦绣峰、兜率寺抱其中心。四曰毗卢顶、毗卢庵居其颔下。五曰回龙峰、文殊殿坐其胸膛。六曰啸月峰、观音阁起其肚腹。七曰普陀崖、观音殿隐其肩。并记七龙皆朝于东南望海峰也。

以言乎柱石，则有荼罗、翠微、飞来、摘星、象王之峰。以言乎深邃，则有车厢、龙虎之峪。以言乎洞天，则有云水、金刚之府。而云水最异。胜景百名，皆天然结构，非人力之所能也。

青龙背下有穴，曰旱龙潭，形类阱宎，阔大渊深，古毒龙所居之处。昔华严祖驱龙开山，龙怒，竭水而去，仅得一笠，泻而成泉，曰一斗泉。

纪刹七十有二，皆高低隐约红树青林之间，但闻人生，莫测其踪迹。今之游人，往往寄兴感发，或诗或赋，无非乐其境静，而其山花古木秀石奇峰有丘垤之上者。所谓三冬春暖六月秋生，诚哉一天界也。

夫登斯山也，旷远则令人狂歌，清泠则令人悲泣，寂静则令人超凡，深幽则令人隐逸，而猿哀夜月、鹤唳霜天、风扫落花、云封古洞，诚安乐窝也。若夫饭鱼子鹅、啖药苗、衣薜萝、饮白水，则又冷淡家风之，分所宜然也。是为记。

大清乾隆岁在甲申秋月书于清音静室之东轩。

《帝京景物略》文选

《帝京景物略》,明刘侗、于奕正同撰。于奕正摭求事迹,刘侗排纂成文。全书共八卷,详细记载了明代北京城的风景名胜、风俗民情。所列目凡一百二十有九,每篇之末,各系以诗,采摭颇疏。卷八载有《上方山》《云水洞》。

《帝京景物略》

上方山

地生初,岩壑具已。其为怀襄,荡荡汤汤,其为天龙神物,倾塌排触,孰测所然欤?人游游处处,言言语语,山受名伊始焉。有初古名者,有傍幽人炼士名以名者,有都邑郊焉、近晚名者,有人古莫至、山今未名者。名不厌熟,山不厌生,至不若所不至者深矣。大房诸山,宿名也,而上方山,晚得名,一二百年,续续有过从者。循孤山口而西,峰横涧束,涧上侧径,如古墙边趾,人如行弄中。村落林烟,水田麦畦,时时有,大略似外人,闲叟妪、壮农馌妇、樵牧竖子,见人无不喜畏远窥之。十二三里,至下接待庵。两壁巉截,中隐一罅,可狁蛇径耳,不自意容步过身也。穿不断罅光,前前萬萬[万],

不成准绳，三步则旋，四五步则折，仰天青苍，日一丸白。跳而东西。至此，坐愁叹，或悔焉，望一平可息歇处，喜矣。曰欢喜台也。奇峰环台，台环视之。有敌楼似者，睥睨栏楯具；有莲华似者，青莲而黄其趺，竟似矣，非依约拟似也。欢然行二里，过兜率门一里，得石级以升，级三百，升九累，毗卢顶也，别一国土矣。旸然犹故天日，远风平畴，泉流维缓。计里方五十，庵寺一百二十。入岩嵌石，出鏖斗空者，最药师殿、华严龛、珠子桥，行行半里，则上方寺矣。寺不知当山外何方，记入时上又上，是上方也。寺左起一峰，百数十丈，石质润滑，黄间五采色，上有冠若、柱若，久当堕矣，未堕也。峰下泉曰一斗泉，泉于峰为下，于上方寺，高踞百尺也。清则流水，渟则止水，澹焉，凝焉，则雪雨露水。相传注泉熟腥，便伏，忏谢，复蠕蠕矣。峰有名者，大摘星峰，小摘星峰，望海峰。寺数碑皆明，无隋唐，亦无辽金。夫幽僻，故碑应无毁者。其山自古，其寺自今兹哉。

侯官曹学佺《上方山路》：

路访居人遍，惊言未到时。老翁为向导，瘦马任驱驰。野树悬水溜，茅茨压石皮。几村鼗姓著，讹语至今垂。

瓦井寻何处，沙沟苦欲崩。断碑犹有寺，乞食即无僧。山势开仍阔，天光降递升。平生跻绝险，今此鸟俱腾。

客到孤山口，山家劝客休。果筐年事设，茶碗冷烟浮。稚子远来看，此翁如有求。所悲城市者，相识也悠悠。

磊磊踏危石，泠泠见碧潭。不知身蓟北，宛已路江南。净色沾眉喜，清泉戒齿贪。穷源逢侧壁，智者结为龛。

《上方寺》：

悬崖车马绝，杖步仅能跻。寺向云中起，僧从天上栖。草庵寻径远，冰窟听泉迷。为拟前峰是，前峰到又低。

《斗泉寺》：

冬岭未萧萧，青依桧柏条。斗区泉不涸，阴壁雪难销。坛角当山瀑，洞门闻海潮。熟腥维有戒，自牖托僧寮。

晋州黄榜《上方绝顶》：

峰峦天外境，入处陇畤低。隐约千庵磬，闻传四境鸡。上方僧俗朴，下望远空迷。特地徘徊久，流泉过别溪。

长洲孙嗣烈《上方山》：

上方人径绝，绝壁罅中跻。大小星能摘，东西日欲迷。漤泉曾受戒，危石只空栖。百二庵疏阔，知他世界低。

慈溪冯有经《上方寺》：

层峦沓嶂拥林丘，老桧长楸夹道稠。苔护断文留古勒，云移叠石架危楼。连峰恒碣天之外，极路幽并海到头。无限碧山迷夕望，分身安得尽情游。

嘉兴朱茂时《登上方绝顶》：

绝顶今观迥不齐，直疑云与较高低。已非人境犹千寺，还上星辰更几梯。自始樵苏时近代，虚疑仙奥古初迷。洞中孔水桃花片，异种知生何处溪。

云水洞

登大小摘星岭,西望胡良、拒马大小河,如练,如带,如游丝,在拄杖下,颠则落河中耳,而隔山不知其几十里。望且行,缘岭四五降升,达云水洞口。买炬,种火,脱帽袯,结履袜,薄饮,且饭,倩土人导,秉炬帚杖,队而进洞。洞门高丈,入数十丈,乃暗,乃炬,乃卑,乃伛行。又数十丈,鹿豕行,手足掌地,肩背摩石。又鳖行,肘膝着地,背腹着石。又蜥蜴行,背膺着石,鼻颔着泥,以爪勾而趾蹲之。乃卑渐高矣,则苦煤,从前入者炬灰也。触焰,飞而眯,触手,黟不脱,导者帚除之,后者袖左右麾以入。渐见垂钟乳,入渐高。虽高,然曲盘,且仄罅也。则前炬张如鳌,后屈曲,又蟹行䗍行焉。入又渐张,垂乳甚众,冰质雪肤,目不接土石色,心忐忐悸悸,谓过一天地,入一天地矣。左壁闻响,如人间水声,炬之,水也。声落潭底,不知其归。又入,有黄龙白龙盘水畔,爪怒张。导者曰:乳石也。焠炬其上,杖之而石声。乃前,扬炬,望钟楼、鼓楼,栏栋檐脊然,各取石左右击,各得钟声、鼓声、磬声、木鱼声,声审已。导者曰:塔。共掷石而指塔,塔层层,大三围,其半折。导者曰:雪山也。果一山纷如,光霏霏者芒如,磴益侧不属,石益滑。乃又臂引猿行,又入而左,有天光透入,定想之,洞口外昼光也。光所及,壁上有字,可行可数,若梯可致也,尚其可辨识。左侧高广,有光乱乱,乃众泉潴,分受炬光。

泉深莫测，而穴复洼小，从前入者，亦无更进此，凛然议且出。凡洞行，得一爽，丛而息；得一遗炬，履而壮；得一形似外人造者物，而嘉叹[欢]；得一光，知犹天也，而心安然。凡入洞，三易炬，出，杀炬三一。凡入洞，伏仆仄援，七易其行；出，杀行十一。出洞矣，趋接待庵。中道一石，小儿足迹，僧曰：善财也。按志：大房山下孔水洞，时见白龙出，辄化为鱼，尝又闻乐作。唐胡詹记：有人构火浮舟，行五六日莫究，但仙鼠旋飞，赪鱼来近火光也。开元间旱，每遣使投玉璧。金泰和中，忽桃花流出，瓣如当五钱。今山下别无孔水洞，其即云水洞欤？而入不可以舟，而洞中潭，亦不得所从出也。

侯官曹学佺《云水洞》：

幽探来此日，开凿识何年。秘象殊方世，层扃别一天。庄严成古佛，缥缈俨飞仙。潭畔双龙状，为珠亦自圆。

容身无剩处，空阔亦难穷。楼入穿花丽，台临说法崇。千重云气绕，几道水声通。岂有符能禁，潜行地肺中。

山灵烦构思，若或运风斤。布置林花胜，生成鸟兽群。幡垂无影见，钟叩有声闻。触目皆奇石，玲珑玉不分。

燎尽促归频，风光出洞新。此身今属我，罕事更邀人。乍觉日初落，翻疑夜向晨。游兹如梦里，记忆未全真。

故事传说

上方山2000年的历史发展,演绎出众多的神话故事,有的是佛教宣传手法,有的是人们对自然现象的不理解,但都在不同程度上反映了上方山的历史发展进程。

祖与龙王斗法

传说,慧晟鼻祖上方弘法,惹怒了青龙峰下龙潭里的龙王,与慧晟鼻祖斗法。龙王翻云覆雨,慧晟鼻祖拂袖施法,龙王法力不支。于是,请来雷公、电母助阵,上方山雷鸣电闪,慧晟鼻祖跃入云巅,狮子峰前的一座山峰轰然倒下。纵然有雷公、电母助阵,但慧晟鼻祖法力无边,大战九九八十一天,龙王法术有限,伏心皈依慧晟鼻祖。

龙王拜慧晟鼻祖为师,向慧晟鼻祖学法。龙王生性聪颖,悟法很快。慧晟鼻祖驱龙王下山修行。龙王不愿意离开上方山,也不愿意离开慧晟鼻祖。但师傅有令,只好离开上方山龙潭,另寻潭渊。

一天,龙王挑起担子,把上方山龙潭的水装进桶中,准备离开上方山。恰好,慧晟鼻祖云游回山,发现山上泉水全无,向山下望去，见龙王正挑着担子下山。慧晟鼻祖立刻踏云下山，拦住了龙王，向龙王索水。龙王见师傅到来，答应给慧晟鼻祖一桶水。慧晟鼻祖身无盛水之物，只得撩起袈裟，让龙王把水倒入袈裟，疾行回山。但袈裟透水，回到山上，滴水未剩。于是，慧晟鼻祖又快速下山，再次拦住龙王，向龙王再次索水。龙王停住脚步，准备倒水给慧晟鼻祖，但慧晟鼻祖又没有带工具。慧晟鼻祖急中生智，取下头上斗笠，倒下一斗笠水，急忙回山。慧晟鼻祖将水倒入龙王峰一侧的山谷，水入山崖，化为山泉，被人称为一斗泉。千百年来，无论什么样的大旱之年，一斗泉泉水不竭，始终润泽前来修行的僧众。

龙王离开上方山龙潭，躲进了龙门口，潜心修行。龙王峰龙潭龙去水涸，成为今天的旱龙潭。

慧晟鼻祖决定上方山修殿筑寺。龙王告知各海龙王、神仙，纷纷到上方山帮助修建。转眼间，上方山寺宇林立，日月生辉。慧晟鼻祖功德垂成，十八入灭，众弟子悲痛万分，虔诚奉慧晟鼻祖坐棺。霎时，慧晟鼻祖施三味真火，自焚坐棺，众弟子惊诧不已，传为神话。后世弟子顶礼膜拜，遂在上方山造塔，供奉慧晟鼻祖。

香水湖臭水湖

上方山接待庵是七十二庵的头一庵。由此北上，山路盘曲，仰视只见一线碧天，景色绝妙。再往前行，到达东、西鸽堂，成千只各色鸽子飞翔碧空，鸽堂因此得名。离鸽堂不远是香水湖、臭水湖和雷劈石。传说很早以前，一个名叫"秃尾巴老李"的蛇精来到上方山，干了不少坏事，并与开山老祖华严宗和尚斗起法来。蛇精不是和尚的对手，逃走时把山上的水全带走了。和尚追到云梯下，手一扬，雷电劈裂山石，于是有了雷劈石的地名。蛇精继续逃窜，为减轻负担，向山涧扔下身藏的臭水，和尚仍穷追不放，蛇精只好又扔掉身藏的香水。所以，至今这里就有了两股泉水，一臭一香，四季不干。

六棱石碑传说

以前，接待庵南对面有一座不大的五道庙。这座庙前树立着一块用汉白玉雕成的六棱石碑。碑上刻着："南天涧、北天涧，两窨黄金没人见，有人泄透其中意，富贵九州十八县。"从前，这儿识字的人少，就是识上几个字也弄不清楚石碑上字的意思。就这样，走过来走过去，不知过了多少年。时间长了，谁也就不拿它当回事了。到后来，人们慢慢地多识了几个字。他们认真琢磨，反复推敲，再加上想象，便形成了这样一个故事：

相传，"南天涧，北天涧"，指的是南沟和北沟。在这山沟里，隐藏着一窝金牛，一窝金猪。谁要是理解了石碑上的意思，得到这一窝金牛，一窝金猪，那可是高官厚禄，富贵荣华了。为了这牛，当地那些财迷心窍的家伙整天在这山沟里东寻西找，恨不得一下找到金牛金猪。可是，找了许多年，连金牛金猪的影子也没看见。

后来有一天，一个南方人寻宝打这儿路过，一眼就看出了这里的云气，断定这里肯定有宝贝，于是，南方人找个地方就住下了。他想："这金牛金猪都是长腿儿的，它们一定会移动，我得想个法子把它们给憋住。"从那以后，南方人天天注意观察动静，准备到时候憋宝。

一天两天过去了，三天四天又过去了，南方人总是摸不准金牛金猪出来的时辰，他心里非常着急，但又毫无办法。这天，南方人睡得朦朦胧胧，好像觉得四周一片火光。他赶紧翻身下炕，跑到门外，嗬！真是黄澄澄一片，把整个山沟映得金黄金黄的，南方人当时那高兴劲儿就甭提了。当时，他忘记自己起冒了午更，也忘了憋宝的时候，只顾大声叫喊，"哈哈，金牛出来啦！"说时迟，那时快，只见金光一闪，立即就消失了。这群金牛没给憋住，让南方人给吓回去了。从那儿以后，金牛再也没出现。

再说那块六棱石碑，刻的字有意思，而石碑顶上长年有水，从来不干。那水从哪儿来的？是从石碑底下浸出来。石碑底下的水又是从哪儿来的？那就是从上方山涌出来的。据说，当年开山祖师华严老祖跟秃尾巴老李斗宝，华严老祖从秃尾巴老李那儿夺来的圣水。人们都说，那水很甜，又能治病。当年，有个人十几年双目失明，听说这里的圣水能治百病，就赶来试试。结果用那水一洗，瞎了多年的眼睛见到了光明。因此，当地人们更加看重这石碑和圣水了。

说来也怪，石碑立着，圣水总是涌满小坑，给人们带来幸福。然而，石碑立着也给旁边居住的人家带来了许多烦恼。石碑旁边居住的人家姓司。听说早先石碑倒下,司姓人家才得安宁。

石碑一立起来,司家准会吵架。为什么?至今也没有人说得清。反正司家不让石碑立着。村中有爱看热闹人,常常趁司家的人不注意,偷偷地把石碑立起来。这样,不出半天,司家的架准保打起来。

后来,为了司姓家族能过安稳日子,司家一合计,赌气把这六棱石碑给砸碎了。从此,这儿的圣水也就没有了。不过,这道山沟峡谷幽静,峰峦奇秀,森林蔽日,妙如神秘的"西天梵境"。而那流经而下的潺潺溪水清澈甘甜,滋润着这方土地。所以人们至今还称这个村庄为圣水峪。

上方山变迁

历史上每一次朝代更替都是上方山灾难之时。清朝末年乃至中华人民共和国成立初,上方山屡遭灾难。多年战乱,特别是土匪的长期驻守出没,上方山寺庵倾圮、荒废。众僧多于20世纪50年代还俗。

上方山佛教 2000 年

慧晟禅师进中国内地,是佛教史上的重大事件。两汉交替时期,佛教已经在社会广泛流传。慧晟禅师公元 50 年开山上方山,在上方山弘传佛法,成为幽燕地区高僧,开启了上方山佛教的历史。

魏晋南北朝时期,是中国思想史上的第二次繁荣时期。两晋时期,朝野对佛教的信仰已经相当普遍。佛教已经能够与儒、道二教并列,进入到中国士族文人的精神视野。释自如乾隆版《上方山志》记载的第二位高僧为北齐百咏南禅师。535 年,百咏南禅师已经在寺院登坛"开阐宗猷教也",是有一定声望的高僧,但为了"戒贪位""来山结茅"到上方山禅修。"天宝(应为天保)(550—559)年旱,牧长闻德,请祈雨""设坛诵经,得雨滂沱""世以百咏号其师"。既可见百咏南禅师社会影响之大,更可见北齐时期的上方山佛教影响力已经很大。

南北朝后期,佛教在北方地区已发展成为不可忽视的社会力量。为加强国家治理,隋朝对佛教采取积极扶持的政策,杨广自称"菩萨戒弟子",对佛教取保护姿态。唐王朝建立后,佛教文化作为意识形态的一个重要组成部分也达到了鼎盛阶段。唐朝时期设幽州府,幽州府在城中设有"华严坊",华严宗信众众多,《华严经》在幽州传播甚盛。溥儒修《上方山志》"卷二·儒释·释篇"

写道:"山碑称万岁通天(696),中幽州都督张仁愿,为华严尊者施僧伽黎、五百缘,盖华严。唐人常飞锡幽燕间,又常与韩公遇。后人词焉,以神其事。""施僧伽黎五百缘",不但表明唐朝幽州府对上方山佛教很支持,上方山与幽州府关系很密切,而且表明上方山僧众很多,香火很旺。

936年,契丹人耶律德光取得燕云十六州,改幽州为燕京(北京西南),王室贵族常以巨额布施支持佛教的发展,寺院领袖发动当地信徒组织所谓"千人邑社",多方募集捐助,加速了佛教信仰在民间的传播。宋辽金时期成为上方山佛教重要发展时期,上方山寺为主,下有天开寺、中院寺。《房山区志》载"五代时,房山佛教一度衰落,及辽金时,再度昌兴,甚而有盛于隋唐,非但刻经事业复现辉煌,建寺造塔之风亦炽,凡岩秀水灵之地,尽为僧占。各佛寺香火极盛,晨钟暮鼓,僧众熙盈"。上方山当是香火最盛的寺院。金代晚期,社会动荡,天开寺、中院寺等均毁于兵燹。

1271年,元世祖忽必烈定都大都。忽必烈带头崇佛,他于"万机之暇,自持数珠,课诵、施食"。此后诸帝对待佛教大部依世祖的范例办理。元至元十年(1273)起,六聘山下先建栗园寺,续建皇后台东西二寺,寺院香火逐渐恢复。1928年《房山县志》卷之三载:"至元十年(1273),应公禅师始来住持,次建栗园寺、次建皇后台东西两寺,次建涿州设济寺,规模庄严,拟于天开,又建中院寺,于南沙河按据上游,创水碾三,以给众僧日馔费。至元二十七年(1290),世祖闻而嘉之,特赐圣旨。"在不足

20年的时间，修建如此多的寺院，足见上方山佛教的兴旺。

明代是上方山发展的高峰期。朱棣皇帝倚重姚广孝，在太湖华严寺旧址重修华严寺，在白云山华严寺旧址重修华严寺，重修凤凰山华严寺，上方山地区形成最有影响的华严圣地。明朝开始了以宫廷太监为主的施赠。宫廷太监资助上方山修缮云梯，御赐《大藏经》，上方山寺迎来了历史上的空前繁荣。从此，上方山寺开始快速发展。各地名僧云集上方山，上方山寺庵发展到120座，全盛时住僧千余人。

明清交替，社会动荡，一方面是战乱破坏，另一方面是年久失修，上方山120庵倾圮超半。满族原来信仰萨满教，但是，作为统治思想的补充和个人精神生活的需要，清帝室也不乏对佛教表示兴趣的君主。清世祖曾考虑弃位出家，康熙帝凡至名山大寺，往往书赐匾额，雍正帝自号"圆明居士"，提倡用"周孔"思想指导禅学，从而统一佛教。康熙皇帝两次御驾上方山，乾隆皇帝两次御驾上方山。有两位皇帝为上方山题匾。10余位大臣游览上方山，上方山备受关注。清代从道光以后，国势衰落，佛教也不振。各地寺院荒废日甚，加上战火破坏，佛教在晚清已经处于全面危机的阶段。

日军兵燹上方山

1937年卢沟桥事变以后,从国民政府房山县监狱逃散的胡振海等人乘机招兵买马,建立武装。入伙者有国民革命军部分残兵,有逃避日军杀戮的无家可归的农民。这支武装凡十路,其一、二、三路在房山,其中三路驻上方山、娄子水、黄山店一带,司令胡振海。胡振海部驻防上方山后,山寺惊扰,僧人四散。各路名称始称"抗日复仇军",1937年10月合编为"华北抗日救国同盟军",总司令陈东来。各路首领仍称司令,十路人马数千,号称"十万"。各路武装峰起于一时,开始皆举抗日旗号。1937年11月,三路胡振海部曾两次攻进日军占据之房山城。

1938年6月,日军的一架军用飞机撞在紫金岭的山头上。机身被撞得七零八落,散了一坡。两个正副驾驶员也都被摔死。半个月后,驻房山县城的日军才闻讯带着大队日伪军来到出事地点,将两具驾驶员尸体运到黄山店村的一个大影壁下焚化,将骨灰带走。同时将飞机上装置的机枪卸下,连同散落的大部分机身零件运走。由于飞机的发动机笨重,未能运走,后来遇到山体滑坡(泥石流)被埋在山下,至今尚未发现。

日军认为飞机坠毁是被上方山的"抗日救国同盟军"击毁,于是发动了对黄山店、来利水、上方山的进攻。日军用密集炮火,袭击来利水、上方山地区。上方山毁于炮火之中。

1938年9月,日军派高级间谍扮为国民党特派员,赴抗日武装总司令部西域寺,以假委任状相欺骗。日本间谍走后不久,易县、涞水、涿县及房山、良乡日伪军分兵向上方山、云居寺一带进袭,以剿灭抗日同盟军主力一、二、三路。上方山备受劫难,抗日武装损失重大。陈东来、周文龙逃往涿县、新城一带。

"据河北省实业厅1936年调查,良乡县信奉佛教者184人。越年,日寇入侵,多数僧人为避战火远走他乡……据有关史料,1944年,良乡县有佛寺27处,信徒男17人,女2人,计19人……房山县有僧人15名,上方山佛寺72座,仅3名僧人寂守,余者散于沿村、良各庄、张坊等处。"

上方山剿匪

解放战争时期,上方山附近几村叛乱,成立反动武装,听命于房山县国民党保安团,上方山僧人曾混进国民党特务,配合国民党军队、保安团残杀共产党人、人民群众。1949年初,为剿灭国民党残余势力,中共房山县民兵组织联防,组建剿匪队。剿匪队伍由公安队56人、武装民兵697人组成,并有820名非武装民兵配合,在周口店、娄子水、上方山一带清剿土匪。两个月中,大规模清剿两次。共缴获重机枪1挺、轻机枪2挺、六〇炮3门、冲锋枪 5 支、大枪 21 支、手榴弹 250 枚。

中华人民共和国成立后，在蒋介石反攻大陆的鼓噪下，特务头子王凤岗（国民党保定地区特派员）、马德福到处网罗纠集残渣余孽，组织"华北反共救国军"。王凤岗、马德福自任正副司令。自此，这股匪特经常出没在霞云岭、云居寺、上方山、东矿和涞水县的野三坡等地。1950 年 7 月在房山县的大石河东岸枪杀执行公务的公安战士张某某，抢去冲锋枪 1 支、子弹 30 多发，砸抢张坊镇银行营业所，抢去货币（旧币）百万元，当年冬季在洪寺通往周口店的山路途中枪杀税务稽查员一人，抢去手枪和税款数万元。这股匪徒到处网罗蒋家溃兵及其党羽，安插耳目，刺探军情，到处流窜抢劫民财，强奸在田间劳动的青年妇女，狂妄嚣张。为此，上级党委责令通州专区和县领导组织人马尽快予以歼灭。同时刑警人员装扮樵夫奔赴上方山、云居寺等地侦察匪情，逮捕了匪伙耳目赵连海，收审了失枪人张警卫和涉嫌人白玉堂。经过 60 多个日日夜夜艰苦的侦察追捕，匪徒惶恐四散躲藏。公安刑警 3 人在云居寺附近侦察时与马德福相遇。马头蒙棉织花巾，手持香烛，佯作拜佛人，被刑警人员识破，3 人扯下马匪头巾，马惊慌失措，掏枪欲抗，被刑警合力摁倒擒拿。马匪供出与王凤岗在上方山分手，王去东矿、岗上等地活动，伺机南逃保定。根据口供，剿匪行动小组分析，匪徒王凤岗极有可能乘火车南逃。为此，刑警分别在长辛店、良乡、窦店等车站与车站公警合作，布网盯守。不出所料，隔日王凤岗身着工人衣帽戴着墨镜出现在长辛店火车站，欲要乘车南逃，当即被捉拿捆绑，缴获手枪一支。匪徒张德祥在东矿被公安干警捕捉，作恶多端的邵振和在羊头岗被捉。当人民群众正在喜庆剿匪胜利时，残匪董玉贵、王振祥于 1950 年腊月二十七日下午又持枪路劫两名赶集的鞭炮商，劫走货款。但被抢商人不甘心被劫，就尾随董、王二匪直至塔照村的董犯窝点，一人盯守，一人火急到南尚乐向区政府报案，县公安局立即调派公安干警十余人，即刻赶到塔照村包围董玉贵住宅，经对董、王二犯的威慑喊话和针对性的攻心，两匪徒交枪被擒。

遵照中共北京市委的意见，将王、马二犯押送京城行刑，抢劫犯董玉贵病死狱中，同案犯王振祥判刑 20 年。除罪犯邵振和逃走外，王荫庭、赵连海等罪犯经核准均被处以极刑。

保护上方山

中华人民共和国成立前,上方山是佛教圣地,历代寺院注重上方山植物资源保护,但民国时期遭到严重毁坏。中华人民共和国成立后,党和政府制定森林资源、文物资源保护政策,采取相应措施,保护森林、文物资源,上方山植物、文物资源得到有效保护。

保护上方山林木资源

上方山植物种类丰富，其中一些属古热带和中西亚地区植物，林木资源丰富，为北京地区罕有。森林以侧柏、栎等次生林为主，具有极高观赏价值和经济价值。

中华人民共和国成立后，为保护上方山林区，1950年，圣水峪等6村成立于联防指挥部，700余人参加护林队伍。1951年冬，河北省通县专区与房山县政府联合派黄村林校师生54名，对3.66万株橡树首次修剪。1952年，圣水峪村村民和国家采取"三七"分成办法，即国家七成，个人三成，在上方山植橡、栎80亩。

1957年4月，北京市委、市人委号召加强首都山区建设，改变山区的自然面貌，要求全市各部门分片包干绿化荒山，当年北京公安局即承包了房山周口店西南的大片荒山，在娄子水村成立了北京市公安局造林大队，将位于天津的北京市公安局清河农场中的"干部农场"移至这里，开始了大规模植树造林活动。造林大队五中队在上方山。房山县将全部山林和庙产移交北京市公安局造林队。五中队在上方山展开了植树造林大战。

1961年，房山县人民委员会发布林木保护布告。

为了保护林业建设和促进畜牧业正常发展，严禁乱伐林木和滥宰牲畜，特作如下规定："不论国有和集体所有之林木，一律不得自由采伐。凡已封山育林地区，任何人不经原封山育林单位批准，不得进入打柴、放牧。农民需要砍伐私有林木时，必须报请人民公社批准，不得任意砍伐。木材系国家统一管理物资，任何机关、团体、厂矿、学校等单位，不准私自到农村采购。认真保护现有家畜，无论公有或私有牲畜（包括骡、马、驴、牛、骆驼、种羊、母猪、种公猪），因残老病弱需要淘汰处理时，必须先经兽医部门根据'残老牲畜处理办法'的规定检查合格，报请县人民委员会审查批准，发给淘汰处理证明后，方准处理。"

房山县人民委员会
1961 年 12 月

1970 年，造林大队撤离上方山后，房山县农林局成立上方山护林队进行看护。

1980 年，经市政府批准，上方山管理处林业公安派出所设立。

1992 年 11 月，上方山被林业部定为国家级森林公园。1993 年 4 月，公园总体规划方案经林业部科技委、北京市规划局等 8 单位组成的评审委员会评审通过。1994 年 3 月，又被林业部定为全国 20 个国家森林重点示范园之一。园区总面积 5300 余亩，平均海拔 400 米以上，主峰紫金岭高 860 米。峰峦奇秀，古木蓊郁，森林覆盖率逾 90%。

1998 年 3 月 28 日，上方山与北京华天旅游国际广告公司成功地举办了一次"踏青植树活动"。此次活动共植树 200 余株，邀请了人民日报、中国日报、光明日报、北京广播电台、北京电视台、中国旅行总社等 20 余家新闻媒体参加。房山区旅游集团总经理刘建儒、副总经理王秉军与记者门一起植树，上方山管理处主任王志平给前来参加植树活动的 34 名记者颁发了"上方山荣誉员工证书"。

2005 年 11 月 22 日，上方山按照房防火〔2005〕第 4 号文件精神和要求，组织人员对全山的松树进行了普查，在普查中发现藏经阁的松树王有被病虫侵蚀现象，立即报告了区林业局科技中心植保站，确定为红脂大小蠹病虫，并对防治工作进行了部署、治理。

修复上方山文物

改革开放后，北京市与房山区不断加大上方山文物保护力度，不断投资，对受毁坏的上方山文物进行修复，逐步恢复了上方山文物的原有风貌，使 2000 年的上方山文物得以传承。

1984 年，上方山诸寺及云水洞被北京市人民政府公布为北京市重点文物保护单位。

1985 年，上方山对兜率寺、藏经阁、钟楼等文物建筑进行了修复和修缮。

1994年，投资65万元，对云梯庵、山神庙、瓣香庵等7处文物进行了修复和修缮。同时，对云梯两边的护墙进行加固整修。

2002年，北京市文物局拨付第一期文物修缮专项资金30万元，主要修缮了虹桥庵、舍利殿、毗卢殿三处文物。

2005年初至2006年底，北京市文物局拨付第二期文物修缮专项资金60万元，主要对兜率寺东西配殿、东庑殿、兜率寺钟楼西配房、退居庵、法华庵等文物进行了修缮。2006年底，上方山第二期文物修缮工程完工。

2006年，北京市昌平区一何姓居士投资30万元，修复兜率寺天王殿。

2007年4月，投资5万元，由北京古建筑公司施工建设，在东大门进山口处，建仿古牌楼一座。9月，由北京市文物局拨付第三期文物修缮专项资金90万元，主要对大悲庵、兜率禅林、圣泉庵、斗泉庵、堂子庵、尊圣殿、兜率寺斋堂、观音殿山门、观音禅林山门、吕祖阁山门及正殿等文物进行了修缮。

2008年7月，市文物局拨付专款80万元，对部分庙宇及办公楼安装了避雷设施。

2015年10月，上方山昙花庵、送子庵等12处遗址保护工程得到北京市文物局批准，进行工程资金的财政评审，通过后进行招投标工作。

2015年，文物修缮工程总投资5400万元，包括兜率寺东西鼓楼、西庑殿、弥勒阁、退居庵东配殿、舍利殿东配殿、毗卢殿门楼及东西配殿、文殊殿、十方院、地藏殿、兴隆庵、观音殿、朝阳庵、吕祖阁东西配殿。

2016年7月20日，北京持续的大到暴雨导致上方山景区道路及房屋受损，闭园重建1个月，其中文物四期修缮项目中藏经阁、毗卢殿正殿、舍利殿正殿及长廊等建筑出现漏雨、屋顶坍塌等险情。

2016年12月，设计包装《上方山诸寺及云水洞"7·20"水灾抢险修缮工程》项目，已上报北京市文物局进行审批。

基础设施建设

中华人民共和国成立以来，党和政府不断投资上方山，确保了基础设施不断完善。

1965年，通往上方山的交通实现了历史性的跨越，自岳各庄通往圣水峪13.55公里的"岳圣路"修成简易柏油路。

1982年，为改善旅游交通，将"岳圣路"4.3公里的路段改建为三级柏油路。在上方山东门进山口处打机井一眼，井深300多米，出水量为50立方米/小时。

1986年6月10日—8月10日，为了从根本上保护国有森林的安全，固定隔绝火源，由房山县财政局投资18700元，修建南山头、棺材山、凤帽咀、正港等四处防火墙，总长1100米，采取就地挖沟取石，沿沟外侧修建永久性防火墙，墙高2米，平均宽0.85米，动石方1870立方米。

1987年，因防火的需要，在东路的钟楼、西路的橡树林分别建设防火瞭望塔各一座。7月至9月修建南山头至黄花岭防火墙。

1996年6月—10月，在东门机井至云梯顶处建引水上山管线1500米；在东路云梯上下建蓄水池各一座；在东门投资36万元，建钢筋水泥结构仿古牌楼一座；建院内挡墙护坡400立方米；建设地下排洪沟一条。

1999年12月，在上方山12间房屋前建挡墙135立方米。

2003年1月—3月，筹措资金7万元，对东门停车场部分裸露地面进行了水泥铺面、云水洞至橡树林游步道拓宽、硬化、望海庵前护坡加固。

2005年3月，上方山旅游基础设施建设工程启动，累计投资400多万元，主要包括原有办公楼修缮，西侧新建森林防火指挥中心，在东门、兜率寺及云水洞各修建星级厕所一座。

2007年4月，投资5万元，在东大门进山口处建仿古牌楼一座。10月初—11月底，投资20万元，对云水洞大悲庵前广场地基进行加固，扩大了云水洞前广场面积，降低了安全隐患。

2007年4月20日，由长阳碧桂园—上方山15路中巴公共交通车通车。

2008年，房山区财政拨专款80万元，对东门筏汉岭—兜率寺的电缆进行了改造。7月，市文物局拨付专款80万元，对部分庙宇及办公楼安装了避雷设施。

2010年6月18日，为迎接世界教科文组织对中国（房山）世界地质公园评估工作，按照中国（房山）世界地质公园管理委员会办公室的相关要求，上方山景区投资24.8万元，在东门南挡墙下设立中国房山世界地质公园——上方山景区界碑1块（全部为中英文对照）；东门桥头对岸设立中国房山世界地质公园界桩1块；在西门院内设立中国房山世界地质公园——上方山景区（全部为中英文对照）导览图4块；在云水洞口处设立云水洞地质说明牌（全部为中英文对照）1块。

2010年8月，为确保今后上方山的发展，缓解东路用电压力，由区财政拨款40万元，对上方山管理处东门变压器进行了增容，由100千伏安增至200千伏安。

2010年10月，由房山区森林防火指挥部拨付资金56万元，对全山7500米的防火墙进行了加固。

2010年11月18日，《上方山国家森林公园旅游基础设施建设和环境整治项目》开始施工，建设内容包含公园水、路、电、环卫、标识以及绿化美化等17项建设内容，该项目总投资1964万元，于当年9月动工建设。8月—12月，为改善办公条件，上方山管理处在东门分别建设两座办公用房。

2015年4月2日，总投资5500万元的上方山四期抢险修缮工程施工方案专家指导会在上方山管理处举行。要求施工单位在施工前要做好消防安全工作，要拿出名木古树、森林植被保护方案，经市局批准方可进行施工。

2016年6月，争取房山区水务局的支持，投资100万元新建了云水洞景区门区桥，已经竣工投入使用。

2016年12月，启动地质灾害隐患治理工程项目。该工程主要是针对上方山东路龙虎峪沟泥石流灾害进行预防和治理，项目总投资为1100万元。

2016年12月，上方山市政供电改造工程通过区财政的资金评审。项目投资547万元，2017年2月完成工程招投标工作，计划2017年7月底竣工，工程竣工后将结束上方山建场以来借电运行的历史。

2016年，对现有监控系统进行改造，将退居庵设为监控指挥副中心，与山下监控室互动，形成全山网络化监控，安排专人负责管理，确保文物资源的安全。

修云梯建索道

历史上，僧人、游客览胜云水洞，都是由东路上山。从上方山圣水峪村的山脚下到云水洞，约500多米，称为西路。西路峡谷，壁仞百丈，涧深陡狭，岩石突兀，林荫垂蔽，窄处不过丈余，自古无上山路，仅有少数村民可以攀岩登爬。阻挡了众多企望拜谒神仙洞之人。为发展旅游事业，上方山管理处1990年开辟了西路，全部路线掩映在峡谷之中，2000余石阶雕凿于悬崖峭壁上，攀爬之人只敢前视，莫敢回望。攀登之人无不眼晕，气势十分险峻。

为招揽更多游客，2000年，上方山募资750万元，在上方山西路和东路各建索道一条，为众多心有余而力不足者提供了登

西路索道

临上方山的便捷通路。西路索道全长 836.394 米，东路索道全长 210 米。2001 年竣工，西路索道经验收合格，投入使用。

索道的开通一方面为信众、游览者提供了方便，另一方面，索道也成为上方山新的景观。

管理上方山

隋唐肇兴上方山,上方山始有自己的管理体制。隋唐至元代,上方山寺包括天开寺、普济寺等,上方山兜率寺为一方主寺,主持上方山地区寺务。明代至民国,兜率寺主持上方山一方寺务。1949年中国人民共和国成立,上方山为一实体单位,集保护、建设开发职责于一身。

管理体制沿革

西汉时期，上方山云水洞被称为神仙洞，多有寻仙之客游览。辽代，上方山称六聘山，金代始称上方山。

东汉建武二十六年（50），印度高僧华严慧晟禅师在中国传佛16年后到达上方山，驻锡上方山华严洞，建立华严道场，始建天开寺，开启上方山地区佛教文化之源。

东魏孝静帝天平二年（535），百咏南禅师在上方山建寺，隋朝建兜率寺，天开等寺住持住兜率寺。上方山兜率寺成为上方山地区佛教中心，管理上方山地区佛法事务。唐万岁通天（696—697），中幽州都督张仁愿向上方山施僧伽黎、五百缘，盖华严寺。常有僧人往来于幽州与上方山。上方山佛教已具规模。

辽代、金代、元代，兜率寺方丈都是天开寺、中院寺、设济寺的住持，主管上方山地区佛法事务。

明代，上方山名望大振，香火旺盛，上方山寺与山下诸寺脱离，形成了"茅庵百二十，附于兜率寺"的上方山寺院格局，清代延续了明代管理，直到民国。

1949年中华人民共和国成立，上方山资产和庙址收归国有，人民政府在上方山设立森林经营所，管理上方山事务。1958年4月，北京市委、市人委号召加强首都山区建设，改变山区的自然面貌，要求全市各部门分片包干绿化荒山，房山县将全部山林和庙产移交北京市公安局造林队管理。1970年，北京市公安局军事管制委员会将上方山全部移交林业部门和当地人民政府。1970年，房山县农林局接管上方山。

1980年2月，上方山移交房山县文化科，成立上方山管理处，全面管理上方山。1981年，上方山从房山县文化科划归房山县林业局管理，为差额拨款事业单位。1992年11月，经原林业部批准，建立上方山国家森林公园。1995年11月14日，上方山机构级别正式调整为副处级单位。1998年3月23日，上方山划归房山旅游集团管理。2001年10月，房山区旅游局与房山区旅游集团合并，上方山归旅游局管理，党组织归房山区国资委主管。2007年12月，成立上方山风景名胜区管理委员会（为协调议事机构），纳入属地管理。

2017年，建立上方山林场，明确国家所有、市和区两级政府行使所有权、主管部门监管、国有林场经营管理的国有森林资源管理体制，开始了房山发展新时期。

参考文献

纪恕:《重修上方兜率寺塔记》,大明嘉靖癸巳(1533)仲夏。

溥儒:《上方山志》,民国十九年(1930)版。

黄春和、杨亦武:《上方山兜率寺》,华文出版社2004年第一版。

释自如:《上方山志》游记,乾隆版。

沈严、尹铭绩、廖飞鹏:《中华民国十七年重修·房山县志》。

北京市房山区志编纂委员会:《北京市房山区志》,北京出版社1999年版。

后 记

上方山是历史名山、地质名山、植物名山、宗教名山，自东汉就颇负盛名。非常感谢北京出版社把上方山列为"京华通览"丛书内容之一。上方山是大西山的一隅宝地，有着丰富的生态文化资源、地质文化资源、悠久的佛教文化资源，是北京西山文化的重要组成部分。挖掘、整理上方山文化，深入研究上方山文化，对于弘扬西山文化、弘扬北京文化都具有重要的意义。

但是，要在1个月的时间里用10万字的篇幅表现上方山2000年的历史发展、文化概况，一是自己的文化阅历有限，感到难度很大；二是写作能力有限，不管从哪个角度去描述，都感到会是挂一漏万，压力很大。好在有对上方山3年的研究积累，有上方山管理处朱仕学主任及张海洋、杨成军、任江飞副主任等大力支持，终于战战兢兢拿出了拙作。

整理本书的过程，是一次系统的总结研究过程，更加深了对上方山文化的认识。一是上方山地质、生态、佛教文化内涵太丰富了、价值太珍贵了，深入挖掘上方山文化的意义太重大了；二是我们对上方山文化的深入发掘研究太缺乏了，可圈可点的文化研究成果太少了，现有的研究成果与上方山的历史文化地位太不协调了；三是对上方山文化的研究太需要社会各界引起足够重视了，需要在人力上、物力上有更多的投入，特别是需要有更多的专家学者、有识之士投入上方山文化研究。

上方山管委会领导班子是一个团结战斗干事业的领导班子，对该书的期望值很高，他们希望本人的拙作能够起到抛砖引玉的作用，引起更多专家学者对上方山文化的进一步关注和研究，引起更多的读者对上方山文化的了解、关注和热爱。

作者在撰写中参阅了黄春和与杨亦武先生的《上方山兜率寺》、张东升先生主编的《北京市房山区志》、于顺利先生的上方山植物考察资料及房山文史等文献资料，在此一并表示感谢。

上方山文化一定会为大西山文化、为北京文化增添光彩。

作者
2017 年 11 月于房山